Schwimmteiche

Frank von Berger

Schwimmteiche

Natürlicher Badespaß im eigenen Garten

Callwey

Impressum

© 2006 Verlag Georg D.W. Callwey
GmbH & Co. KG
Streitfeldstraße 35, 81673 München

www.callwey.de
E-mail: buch@callwey.de

Die Deutsche Bibliothek verzeichnet diese Publikation in der Deutschen Nationalbibliografie; detaillierte bibliografische Daten sind im Internet über <http://dnb.ddb.de> abrufbar.

Die Deutsche Bibliothek lists this publication in the Deutsche Nationalbibliografie; detailed bibliographic data is available in the Internet at <http://dnb.ddb.de>.

ISBN 3-7667-1660-3

Das Werk einschließlich aller seiner Teile ist urheberrechtlich geschützt. Jede Verwertung außerhalb der engen Grenzen des Urheberrechtsgesetzes ist ohne Zustimmung des Verlages unzuässig und strafbar. Das gilt insbesondere für Vervielfältigungen, Übersetzungen, Mikroverfilmungen und die Einspeicherung und Verarbeitung in elektronischen Systemen.

Umschlaggestaltung: X-Design, München
Titelbild: Biotop, Weidling
Gesamtproduktion und Redaktion: Redaktionsbüro
Wolfgang Funke, Augsburg
Satz und Layout: Atelier Lehmacher, Friedberg (Bayern)
Litho: Erasmus Winter, Callwey Verlag
Druck und Bindung: Druckerei Auer, Donauwörth
Printed in Germany

Bildnachweis

Firma Bahl: Seite 26, 78, 79, 85 (alle), 113, 121 rechts, 135; **Frank von Berger:** Seite 25 rechts oben und rechts unten, 114 alle, 116 alle, 139; **Firma Biotop:** Seite 1, 10, 11, 13 oben, 14, 15 unten, 16 oben, 23, 25 links oben und links unten, 28, 29, 30, 31, 35, 36, 41 links, 42, 43, 44, 52, 53, 54, 55, 56, 62, 63, 64, 65, 66, 67, 68, 69, 71, 92, 93, 98, 96 links, 97, 99, 106, 119, 120, 132, 133, 140, 141, 150, 151, 152, 153; **Bohr und das Grün:** Seite 61; **Jens-Olaf Broksche:** Seite 89; **Firma Daldrup:** Seite 45, 46, 95, 103, 111, 118; **Firma Egli:** Seite 2, 22, 75, 76, 77; **Firma Fuchs:** Seite 15 oben, 16 unten, 47, 57, 58, 59 unten, 96 rechts, 104 rechts und links, 108, 110, 112, 126, 127, 129; **Firma Haas:** Seite 81, 102, 121 links; **Marion Harke:** Seite 83; **Frank Hecker:** Seite 8/9, 13 unten, 128, 130 alle, 131, 136 alle, 137, 139, 144 alle, 145, 146, 147, 148, 149; **Annette Hempfling:** Seite 12, 20; **Petra Jarosch:** Seite 17, 124, 142; **Firma John:** Seite 32; **Kienlein (Privat):** Seite 59 oben; **Andreas Kühlken/medienfabrik Gütersloh:** Seite 38, 51, 87, 90; **Firma Lütkemeyer:** Seite 107; **Hotel Marini:** Seite 72, 73, 74; **Firma Niederberger + Wyl:** Seite 21; **Firma Peppler:** Seite 16 Mitte; **Firma Sallmann:** Seite 100, 122; **Jörg Sänger/medienfabrik Gütersloh:** Seite 18, 41 rechts, 48; **Schleitzer GmbH, München:** Seite 40

Inhalt

Wasser – die natürlichste Sache der Welt 9

Wasser ist Leben 10

Wasser im Garten: Der Traum vom eigenen Teich 19

Teichlandschaften genießen 20
Schwimmteiche – Lebendiges Wasser im Garten 21
Selber bauen oder nicht? 22
Das Prinzip der natürlichen Selbstreinigung 23
Pflanzen für den Teich 25
Regenerationszonen 26
Filter- und Klärtechnik 28
Schwimmteiche mit Folienabdichtung 30
Schwimmteiche mit Betonwand 32
Vom Swimmingpool zum Schwimmteich 33
Schwimmteiche mit eingebautem Holzbecken 34
Wie viel Technik ist notwendig? 36
Checkliste: Planung eines Schwimmteichs 37

Realisierte Träume 39

Vielfalt eines Prinzips 40
Badevergnügen auf kleinstem Raum 42
Wohnen am Wasser 45
Wasserlandschaft statt Ziergarten 47
Ein Tauchbecken zwischen exklusiver Pflanzenvielfalt 50
Schwimmteich pur für Stadtmenschen 52
Badespaß für die ganze Familie 55
Vom Hinterhofgarten zur Badelandschaft 57
Geborgte Landschaft 61
Baden trotz Baustelle 63
Ökologisches Bewusstsein bei Haus und Teich 67
Traumhaus am Traumteich 69
Badelandschaft für die Gäste 72
Badefreuden mit Seeblick 75
Schwimmteich mit nordischem Charakter 78
Aqua-Jogging im Schwimmteich 80
Landgarten mit Schwimmteich 83
Wasser als ganz besonderes Gartenerlebnis 84
Schwimmteich im Hanggarten 87
Teichlandschaft für Romantiker 88

Gestaltungsideen rund um den Teich	**91**
Eins mit der Natur	92
Raum zum Spielen und zum Plantschen	94
Bachlauf und Wasserfall	97
Stege und Brücken	99
Sonnendecks am Teich	102
Leitern und Treppen	104
Platz zum Erholen und Genießen	108
Den Schwimmteich in den Garten integrieren	111
Attraktive Uferbepflanzung	113
Wege am Teich	117
Übergänge schaffen	119
Dekoratives am Rande	121
Checkliste: Sicherheit rund um den Teich	123

Ein Herz für die Natur	**125**
Sich für die Natur öffnen	126
Natürliche Kreisläufe verstehen	128
Je älter, desto schöner	133
Pflanzen im und am Teich	134
Die Bepflanzung eines neuen Schwimmteichs	141
Tiere im und am Teich	144
Checkliste: Jährliche Pflegearbeiten	152
Anhang	154
Register	156

Vorwort

Immer wieder besuche ich gerne die Schwimmteiche, die ich mit Mitstreitern der ersten Stunde vor etwa zwei Jahrzehnten gebaut habe. Viele davon sind wahre Prachtstücke, die auch heute noch als Referenzanlagen herhalten können. Das für mich Faszinierende ist der Umstand, dass diese Anlagen damals ohne irgendwelche technische Zusatzeinrichtungen errichtet wurden. Und dass diese Teichbesitzer, die als die wahren Pioniere bezeichnet werden können, stolz darauf sind, keine die Natur unterstützenden Hilfsmittel zu verwenden – weder Umlaufpumpen noch Filter oder Skimmer zur Oberflächenabsaugung.

Bei vielen Teichbesitzern ist dieses Bewusstsein bereits in der zweiten Generation zu finden. Vielleicht auch deshalb, weil sie seit ihrer Kindheit miterlebt haben, wie gut der von ihren Eltern gebaute Schwimmteich funktioniert und welche Qualitäten er das ganze Jahr über bietet – nicht nur in optischer Hinsicht.

Immer wieder erschienen in den letzten Jahren Bücher über Schwimmteiche, die auf vielen Seiten auflisten, welche technischen Neuerungen und Errungenschaften es im Schwimmteichbau gibt. Zweifellos: Der Trend geht in Richtung Technisierung. Klares Wasser ist dabei das Maß aller Dinge. Pflanzen und Tiere werden zunehmend eliminiert. Standen zu Beginn der Entwicklung die Wasserpflanzen im Mittelpunkt, so werden diese mehr und mehr verdrängt, fast schon als Störfaktor gesehen. Je weniger Regenerationsfläche, desto besser. Die neueste „Entwicklung" ist der Schwimmteich ganz ohne Wasserpflanzen, nach dem Prinzip: Je mehr Quadratmeter Schwimmfläche, desto wirtschaftlicher ist die Errichtung der Anlage. Die technische Entwicklung geht wieder in Richtung Pool, und wir müssen uns vorsehen, dass am Ende nicht der konventionelle Swimmingpool dabei herauskommt.

Immer wieder wurde ich ersucht, an Publikationen über Schwimmteiche mitzuwirken, und ich war bei der Durchsicht der Konzepte immer konsterniert, wie techniklastig die Inhalte dieser Bücher waren. Diese Skepsis war natürlich ebenfalls vorhanden, als der Callwey-Verlag mit der Idee eines Schwimmteich-Buches auf den Plan trat und bei der Firma Biotop anklopfte. Doch da der Vorschlag lautete, ein Buch zu machen, bei dem die Technik in den Hintergrund treten und den Lesern einfach möglichst viele gelungene Beispiele von Schwimmteichen gezeigt werden sollten – vom kleinstmöglichen Teich bis hin zu kleinen Seen – und dabei auch noch die Teichbesitzer zu Wort kommen zu lassen, da lag plötzlich ein Konzept auf dem Tisch, das sowohl dem Verlag als auch mir gefiel.

Das Buch gibt keine Empfehlungen für Schwimmteich-Systeme. Es enthält auch keine Anleitungen zum Selbstbau. Vielmehr enthält es viele Tipps und Erfahrungen aus der Praxis, die in den letzten zwei Jahrzehnten zusammengetragen wurden und mit deren Hilfe sich der Teich-Interessent selbst sein Bild machen und entscheiden kann, wie er die Umsetzung seines Traums vom eigenen Schwimmteich angeht. Im Wechsel- und Zusammenspiel mit vielen Schwimmteichbesitzern, von denen einige vor vielen Jahren mit reichlich Skepsis an die Sache herangegangen sind, um heute davon zu schwärmen, wurden hier Informationen zusammengetragen, die einen sehr persönlichen Charakter haben. Ich bin überzeugt, dass dieses Buch so manchen Leser dazu bewegen wird, sich selbst ein kleines Paradies im Garten zu schaffen.

Peter Petrich
Geschäftsführer der
Biotop Landschaftsgestaltung GmbH

Wasser – die natürlichste Sache der Welt

Wassergärten erfreuen sich in den letzten Jahren wachsender Beliebtheit. Das verwundert kaum, denn das faszinierende Element Wasser hat die Menschen seit jeher in seinen Bann gezogen. Es verwandelt Gärten in angenehm kühle, üppig grünende Refugien, die dem gestressten Zeitgenossen Erholung und Entspannung vom hektischen Alltag versprechen. Durch Teiche, Bachläufe und Wasserspiele kann Wasser in beinahe jeden Garten, unabhängig von Größe und Stil, integriert werden. Die Vielfalt der Gestaltungsmöglichkeiten offenbart sich jedoch erst, wenn man aufgeschlossen für neue Ideen bleibt und erkennt, welches Potenzial in der Verwendung von Wasser im Garten schlummert. Auf der glatten Oberfläche eines Gartenteiches spiegelt sich schließlich nicht nur das Blau des Himmels, sondern auch die Sehnsucht nach einem erfüllten Traum.

Wasser ist Leben

Wasser scheint uns so gewöhnlich wie die Luft, die wir atmen. Und genauso nötig wie die Luft brauchen wir auch Wasser, um zu existieren, denn diese wunderbare Flüssigkeit ist das Elixier alles Lebendigen auf der Erde.

Aber was ist Wasser? Einfach eine farblose Flüssigkeit, die Verbindung zweier chemischer Elemente, nämlich von Wasserstoff (H) und Sauerstoff (O)? Wasser ist weit mehr, als mancher zu wissen glaubt. Es bedeckt einen großen Teil der Oberfläche unseres Planeten, sei es in flüssiger Form oder, an den Polkappen und auf den Spitzen der Hochgebirge und der Gletscher, in gefrorenem Zustand. Salziges Wasser bildet Meere und Ozeane, süßes Wasser speist Bäche, Flüsse, Seen und Teiche. Es fällt als Regen vom Himmel und quillt aus den Tiefen der Erde hervor, stürzt in Atem beraubenden Kaskaden Felswände herab und tropft von unterirdischen Höhlendecken. Wie und wo auch immer wir Wasser begegnen, ob als stillem Gewässer oder als gewaltigem, reißendem Strom, ob als unendlichem Ozean oder als Tautropfen auf einer Blüte – Wasser übt stets eine unwiderstehliche Faszination auf uns Menschen aus. Schon Kinder werden vom Wasser magisch angezogen, aber auch Erwachsene können sich dem Zauber dieses Elementes nicht entziehen. Plätschernde Gebirgsbäche, spiegelnde Teiche und selbst noch so kleine Tümpel locken mit ihren Geheimnissen zum Schauen und Entdecken. Und meistens bleibt es nicht beim Betrachten: Der Wunsch nach einem direkten Kontakt verführt nur zu leicht dazu, die Hände ins Wasser zu tauchen, an einem heißen Sommertag die Füße im kühlen Nass baumeln zu lassen und, wenn möglich, ganz darin unterzutauchen und Erfrischung und Entspannung zu suchen.

Wasser – immer und überall

Für uns Mitteleuropäer ist Wasser allgegenwärtig und jederzeit verfügbar. Wir nutzen es in der Landwirtschaft, zur Energieerzeugung, in der Industrie und im Haushalt. Wir verdanken ihm Sauberkeit, Genesung und Erholung. Wenn wir in unserer Wohnung den Wasserhahn aufdrehen, dann strömt daraus ein frisches Nass, das so sauber ist, dass man es ohne weiteres trinken kann. Wir duschen, baden und schwimmen in Trinkwasser, wir waschen unsere Wäsche darin, gießen unsere Gärten damit und spülen es durch die Toilette, ohne weiter darüber nachzudenken, wo dieses Wasser herkommt und wie es geklärt und aufbereitet wurde. Scheinbar ist immer genug davon da. Doch das ist nicht selbstverständlich. Wo die Wasservorräte nicht ausreichen oder wo die Technologie fehlt, um vorhandenes Brauchwasser zu keimfreiem Trinkwasser zu machen, wird sauberes Wasser zu einem kostbaren Gut.

Ein kostbares Gut

In manchen Teilen unserer Erde, zum Beispiel in den ausgedehnten Wüstengebieten Afrikas und Asiens und auf der arabischen Halbinsel, ist Wasser keine Selbstverständlichkeit. Dort regnet es nur selten oder fast nie. An den Westhängen der südamerikanischen Atacama-Wüste gibt es sogar Regionen, wo es vielleicht seit Jahrzehnten nicht mehr geregnet hat. Wer hier Herr über das Wasser ist, besitzt auch die Macht, denn Wasser bedeutet in den staubtrockenen Wüstenregionen gleichzeitig Nah-

Seerosen weisen auf lebendiges Wasser hin.

Rechts *Am Teichufer offenbaren sich Prozesse des Werdens und Vergehens.*

Links *Natürlich reines Wasser findet man auch im biologisch geklärten Schwimmteich.*

Linke Seite *In stillen Wasserflächen spiegelt sich der Himmel und die Welt.*

Unten *Gebirgsbäche sind der Inbegriff von frischem, klarem Wasser.*

rung und Überleben. Ohne Wasser verkümmert das Leben, gedeiht auf den Feldern nichts und die Nutztiere verdursten.

Natürlich rein

Aber auch dort, wo Wasser in ausreichender Menge zur Verfügung steht, ist ein Umdenken im Umgang mit diesem Lebenselixier angebracht. Statt gedankenloser Verschwendung und aufwändiger Aufbereitung des Wassers für den Gebrauch wird das Bewusstsein immer mehr geschärft für die Qualität der kostbaren Flüssigkeit. Wie herrlich erfrischend klares Wasser sein kann, erleben viele nur noch, wenn sie auf einer Bergwanderung einen Schluck aus einer frischen Quelle trinken oder im Sommer in einem See ein kühlendes Bad nehmen. Viele Menschen kennen Wasser meist nur noch in Form von gechlortem, biologisch praktisch totem Schwimmbad- oder Leitungswasser. Dabei sollte es doch das Natürlichste sein, Wasser ohne chemische oder technische Aufbereitung mit allen Sinnen genießen zu können.

Wasser als sinnliches Erlebnis

Sauberes Wasser ohne Chlor und ohne aufwändige Filtertechnik im eigenen Garten ist daher etwas ganz Besonderes. Die Nähe zum Wasser kann dabei ganz einfach und ohne großen technischen Aufwand hergestellt werden. Sprudelsteine, Kieselbrunnen oder auch nur ein Becken in Form eines wasserdichten Kübels, in den eine kleine Pumpe versenkt wurde, verleihen mit ihrem beruhigenden Plätschern einem Garten oder einer Terrasse eine ganz besondere Atmosphäre. Eine ständige Wartung der Anlage ist dabei nicht nötig. Nahezu wartungsfrei sind auch künstlich angelegte Teiche und formale Becken, deren Wasser mithilfe einer vielseitigen und ausgewogenen Bepflanzung sauber gehalten wird. Die Ruhe und Gelassenheit, die von solch einem Stillgewässer ausgeht, ist in einer von Fortschritt und Geschwindigkeit getriebenen Welt, die stets auf eine Maximierung der Profite, auf Prestige und kurzfristige Erfolge ausgerichtet ist, von

Links *Seerosen können in Wannen gepflanzt werden.*

Unterwasserpflanzen sorgen für eine natürliche Reinigunge des Wassers.

Nicht nur Kinder genießen Spiel und Spaß im kühlen Nass.

Ein breiter Steg begleitet das Ufer dieses Schwimmteichs.

Ein besonderes Gestaltungselement sind Pavillons am Wasser.

Eine Bank für beschauliche Momente am Ufer.

unschätzbarem Wert. Solche Oasen der Ruhe sind glücklicherweise in fast jedem Garten möglich.

Alternative Schwimmteiche

Mit überlegter Planung und einer soliden Konstruktion können Teiche – gleich welcher Größe – nach dem Vorbild der Natur auf nahezu jedem Grundstück verwirklicht werden. Noch wertvoller wird solch ein Gewässer, wenn man auch darin baden kann. Schwimmteiche, die nach dem Prinzip der natürlichen Selbstreinigung funktionieren und ohne Chemie und technische Apparaturen auskommen, werden immer populärer. Sie ersetzen die türkisblauen, kalten Swimmingpools der Wirtschaftswunderjahre, die nur mit hohem Pflegeaufwand betrieben werden können und trotz des enormen Einsatzes von Arbeit und Technik nur ein sehr eingeschränktes Erleben der Wasserwelt erlauben. Schwimmteiche dagegen überraschen immer wieder durch ihre Vielfalt an Pflanzen und Tieren, durch die Lebendigkeit der Uferbereiche und nicht zuletzt durch die Qualität des weichen, besonders gut hautverträglichen Wassers. Und ein Schwimmteich lebt, entwickelt sich wie ein Organismus und verändert sich ständig.

Artenvielfalt statt Monotonie

Wer einen naturnahen Schwimmteich auf seinem Grundstück anlegt, übernimmt damit aber auch die Verantwortung für ein sensibles ökologisches System. Pflanzen und Tiere werden angesiedelt oder finden sich mit der Zeit von selbst ein. Sie profitieren von einem Lebensraum, der in der modernen Zeit immer seltener zur Verfügung steht, denn durch zunehmende Flächenversiegelung, durch die Trockenlegung und Überbauung von Feuchtgebieten werden die wertvollen Lebensräume von Amphibien, Insekten, Sumpf- und Wasserpflanzen sowie anderen Lebewesen vernichtet. Die Anlage eines naturnahen Schwimmteiches kann daher ein Beitrag sein, die Monotonie der Landschaft aufzubrechen und die Artenvielfalt zu erhalten.

Rechts *Fahle Gräser unterstreichen die Herbststimmung am Schwimmteich.*

Wasser im Garten: Der Traum vom eigenen Teich

Wasser im Garten übt auf Jung und Alt gleichermaßen einen unwiderstehlichen Reiz aus. Die spiegelnde Oberfläche von Teichen, das geheimnisvolle Grün der tiefen Wasserzonen, die voller Leben scheinen, das sanfte Murmeln und Gurgeln von Wasserläufen und das muntere Plätschern von sprudelndem Wasser, das über Steinstufen in Kaskaden in einen Teich stürzt – ein reines Vergnügen für alle, die Erholung und Entspannung im grünen Paradies des eigenen Gartens suchen. Reinheit ist auch das, was all jene anstreben, die sich mit dem Gedanken an einen eigenen Schwimmteich beschäftigen. Schließlich sind der völlige Verzicht auf chemische Reinigungspräparate und aufwändige Klärtechnik die Hauptgründe für die Hinwendung zu einer natürlichen Klärung des Badewassers.

Teichlandschaften genießen

Wer träumt nicht von einer natürlichen Oase der Ruhe im eigenen Garten? Davon, einmal alle fünfe gerade sein zu lassen, umgeben von grünem Laub und duftenden Blüten. Einem Nickerchen, begleitet vom Gezwitscher der Vögel und dem sanften Rascheln der Blätter im Wind. Einen Nachmittag am eigenen Gartenteich verbringen, den Libellen bei ihren kunstvollen Flugmanövern zusehen und die Anmut der perfekten Seerosenblüten bewundern – ein Luxus, den sich immer mehr Gartenbesitzer leisten, denn dank eines immer breiter werdenden Angebotes an Fertigteichen, hochwertigen Teichfolien, vielerlei Teichzubehörs, Pflanzen und auch fachlicher Beratung durch Spezialfirmen lässt sich der Traum vom eigenen Teich auch für Laien relativ einfach realisieren.

Doch ist der Teich erst einmal fertig und möchte man die ruhigen Musestunden am Ufer nicht mehr missen, steigen vielleicht schon neue Träume auf: Wie herrlich wäre es, an einem heißen Sommertag ein erfrischendes Bad im neu angelegten Gartenteich nehmen zu können! Zwar eignen sich die meisten Gartenteiche höchstens dazu, die nackten Füße darin baumeln zu lassen, ganz unmöglich ist die Verwirklichung des Wunsches nach entspannten Badefreuden im eigenen Teich aber nicht. So genannte Schwimmteiche sehen mit ihren bepflanzten Ufern nicht nur genauso schön aus wie natürliche Teiche, sie bieten darüber hinaus auch fröhlichen Badespass in wunderbar weichem Wasser – ganz ohne Chemie. Die Zauberformel für das Funktionieren dieser Form des eigenen Badegewässers heißt „Natur statt Technik". Denn was seit Jahrmillionen in der Natur im Großen funktioniert, das hilft auch im Kleinen, nämlich im Schwimmteich, das Wasser gesund und lebendig zu erhalten.

Durch die Wasseroberfläche wird die Landschaft in den Garten hineingespiegelt.

Schwimmteiche – lebendiges Wasser im Garten

Viele Swimmingpoolbesitzer sind es leid, sich ständig mit chemischen Präparaten und einer aufwändigen und anfälligen Technologie um die Reinhaltung des Schwimmbadwassers kümmern zu müssen. Oder sie haben schon Hautallergien gegen Chlor, Ozon und andere bei diesen Anlagen unverzichtbare Algenkiller und Desinfektionsmittel entwickelt und erschaudern bereits beim Anblick des sterilen Beckens mit kristallklarem Wasser, weil sie wissen, dass ein einziges kurzes Bad darin mit roten Augen und Ausschlag gesühnt werden muss. Hinzu kommt die ästhetische Komponente: Die konventionellen, türkisblauen Pools wirken mit ihrer sachlichen, rechteckigen Konstruktionsweise wie ein Fremdkörper im Garten und passen kaum zu einem wirklich attraktiven, naturnahen Gartenkonzept.

Bis vor etwa 20 Jahren gab es jedoch praktisch keine Alternative zu dem System der chemisch-technologischen Wasseraufbereitung mittels Chlor und Filterpumpen, wenn man Badefreuden im eigenen Garten genießen wollte. Doch die Zeiten haben sich geändert und immer mehr Gartenbesitzer entscheiden sich für die sanfte und naturnahe Alternative zum Pool, nämlich für einen Schwimmteich. Seit den späten 1980er Jahren wurden zunächst in Österreich, dann in der Schweiz und in Deutschland, die ersten Schwimmteiche nach dem Vorbild der Natur gebaut. Nach anfänglicher Skepsis gewinnt dieses Konzept immer mehr überzeugte Anhänger, so dass mittlerweile fast jedes dritte neu geplante private Badegewässer nach diesem Prinzip gebaut wird.

Was ist eigentlich ein Schwimmteich?

Der Unterschied zwischen einem konventionellen Swimmingpool und einem Schwimmteich besteht vor allem darin, dass beim Schwimmteich keine chemischen Substanzen und in der Regel auch nur wenige zusätzliche technische Installationen nötig sind, um das Wasser auf einem qualitativ hohen, für die Gesundheit unbedenklichen Niveau zu halten. Stattdessen wird das Wasser durch eine dem Schwimmbecken angegliederte Pflanzenkläranlage

Schwimmteiche bieten unbeschwerten Badespaß für die ganze Familie.

gefiltert und aufbereitet. Das durch einen völligen Verzicht auf Chemikalien auch für Allergiker unbedenkliche Wasser ist nicht nur herrlich frisch und klar, sondern es entspricht auch der Wasserqualität eines natürlichen Sees. Sogar das bepflanzte Ufer erinnert mehr an einen See oder Teich als an ein Schwimmbecken und ermöglicht eine perfekte Eingliederung des Schwimmteiches in den übrigen Garten.

Ein weiterer Vorteil besteht darin, dass im Schwimmteich das ganze Jahr über Saison ist. Zwar wird er, wie ein konventioneller Pool, nur in den warmen Monaten zum Baden genutzt, aber während in einem Swimmingpool im Winter das Wasser abgelassen wird und er zu einem nutzlosen, unattraktiven Teil des Gartens wird, bleibt der Schwimmteich ein lebendiges, ökologisch wertvolles Biotop, das mit der Vielfalt an Pflanzen und Kleintieren zum Beobachten und Staunen einlädt, selbst wenn im Winter der Wind durch das trockene Rohr am Ufer fegt und sich Schnee auf die spiegelnde Eisfläche legt.

Selber bauen oder nicht?

Die Entscheidung, den Schwimmteich selber zu bauen oder dies einer darauf spezialisierten Firma zu überlassen, hängt unter anderem vom eigenen handwerklichen Geschick, der zur Verfügung stehenden Zeit und den finanziellen Ressourcen ab. Vor dem eigentlichen Bau sollte aber zunächst ein theoretisches Fundament gelegt werden. Wer sich in der Planungsphase informieren möchte, findet zahlreiche Bücher, Zeitschriftenartikel und auch im Internet viele Anregungen, die so manche Fragen beantworten. Das Angebot an Produkten und Dienstleistungen rund um biologisch gereinigte Schwimm- und Badegewässer hat sich in den letzten Jahren beträchtlich erweitert. So finden sich zum Beispiel im Internet nicht nur Tipps und Bauanleitungen, Adressen und Produkte für potenzielle Schwimmteichbauherren, sondern sogar ganze Schwimmteichbausätze für wenig Geld.

Bei aller Begeisterung für ein derartig breites Spektrum an Informationen darf aber nicht vergessen werden, dass man, nutzt man derartige Angebote, letztendlich doch ganz allein und ohne Gewährleistung dasteht, wenn etwas schief geht. Bei Fragen wie nach der Größe der Regenerationsbereiche, dem richtigen Böschungswinkel der Beckenränder, der Eignung von Substraten für die verschiedenen Randzonenbereiche, der Pflanzenauswahl und eventuell nötiger Klärtechnik ist der Laie schlicht und einfach überfordert. Professionelle Teichbauer schöpfen nicht nur aus einem reichen Fundus an praktischen Erfahrungen, sondern sind auch stets auf dem neuesten Stand der Technik und kennen innovative Neuerungen und Produkte.

Fehler kommen teuer zu stehen

Die Anlage eines Schwimmteiches ist zwar nicht so schwierig und komplex wie der Bau eines Wohnhauses, ein reibungsloses Funktionieren des Teichsystems hängt aber von so vielen technischen und biologischen Zusammenhängen ab, dass eine umfassende Kenntnis der Materie für eine erfolgreiche Durchführung des Projektes unbedingt nötig ist. Wer glaubt, mit einem kompletten Alleingang Geld sparen zu können, begeht einen oft folgenschweren Fehler. Meistens kommt es am Ende teurer, wenn man völlig auf eine fachlich kompetente, persönliche Betreuung durch einen professionellen Schwimmteichbauer verzichtet. Nachträgliche Reparaturen oder die Behebung von Mängeln sind oft mit mindestens genauso viel Aufwand verbunden wie ein kompletter Neubau. Außerdem sind mangelhafte oder nachgebesserte Schwimmteichanlagen oft nur ein Kompromiss oder ein schaler Abglanz dessen, was möglich gewesen wäre, wenn von Anfang an ein Profi ans Werk gegangen wäre.

Eigenleistung einbringen

Wer beim Bau seines Schwimmteiches wirklich Geld sparen möchte, kann die Kosten durch Eigenleistung reduzieren. Am besten spricht man vor Beginn der Arbeiten offen darüber mit dem beauftragten Teichbauunternehmen. Die Fachleute wissen nicht nur am besten, wo man als Laie gefahrlos und nutzbringend Hand anlegen kann, sie freuen sich oft sogar auf eine konstruktive Zusammenarbeit. Schließlich sind gut informierte Bauherren später auch meistens kompetente Schwimmteichbesitzer und -betreuer, weil sie genau über die Bauweise, die Technik, das Betriebskonzept und die biologischen Abläufe im Teich Bescheid wissen.

Baustelle Schwimmteich: Vor dem ersten Bad steht zunächst einmal viel Arbeit.

Das Prinzip der natürlichen Selbstreinigung

Warum muss ein Schwimmteich sorgfältig geplant und mit einer Vegetationszone umgeben werden? Warum kann man eigentlich nicht einfach auf die chemischen Zusätze zum Schwimmbadwasser verzichten und alles sich selbst überlassen? Was würde mit dem Schwimmbadwasser ganz ohne Klärung geschehen?

Eine Wasserklärung ist ganz einfach deshalb notwendig, weil sich schon nach kurzer Zeit Schweb- und Fadenalgen einfinden würden. Mückenlarven und andere Tiere würden das Gewässer besiedeln, aus abgestorbenen Algen würde sich nach und nach eine Schlammschicht bilden, in der sich erste Wasserpflanzen ansiedeln. Nach vielen Jahren würde sich im Swimmingpool zwar irgendwann ein biologisches Gleichgewicht ähnlich dem eines Naturteiches einpendeln – das Schwimmbad wäre in der Zwischenzeit jedoch nicht benutzbar, da die Wasserqualität sehr zu wünschen übrig ließe.

Biologische Klärung spart Zeit

Wer den Schritt vom Pool zum naturnahen, sich selbst biologisch reinigenden Schwimmteich wagen möchte, muss nicht jahrzehntelang warten, bis die Umstellung geglückt ist. Man kann der Natur auf die Sprünge helfen und meist schon im Jahr des Schwimmteichbaus in herrlich frischem und klarem Wasser baden. Durch das gezielte Setzen zahlreicher Pflanzen in den neu entstandenen Schwimmteich wird die Zeit gestrafft und eine biologische Klärung des Wassers von der ersten Stunde an

Mit so genannten Repositionspflanzen wie zum Beispiel Rohrkolben (Typha), *wird das Wasser im Schwimmteich auf natürliche Weise geklärt.*

möglich. In einem solchen Teich sind auch Bakterien Teil des Systems, und eingeschleppte Krankheitserreger stellen kein Problem dar, da sie sich auf keinen Fall im Wasser vermehren und auf natürliche Weise eliminiert werden.

Sauberes Wasser dank Pflanzen

Im naturnahen Schwimmteich gibt es in den verschieden tiefen Flachwasserzonen vielfältige Lebensbereiche für Pflanzen, Tiere und Mikroorganismen. Der Motor für Vermischung und Umwälzung des Wassers ist der Wind. Mehrere Male am Tag wird das Wasser dabei umgeschichtet. Das von Schwebstoffen durchsetzte, „verunreinigte" Wasser gelangt dadurch auch in die Regenerationszone, wo sich die Schmutzpartikel auf dem Grund zwischen den Pflanzen absetzen. Dort lebende Mikroorganismen (Bakterien) zersetzen die Verunreinigungen in ihre Grundbestandteile, also zu „Pflanzenfutter". Die Pflanzengemeinschaft in dieser Zone nimmt diese Nährstoffe genauso auf wie andere frei im Wasser verfügbare Nährstoffe und wandelt sie mithilfe des Sonnenlichts durch Photosynthese in Biomasse um. Dadurch werden dem Wasser Nährstoffe entzogen, und damit finden auch die lästigen Faden- und Schwebalgen kaum noch Nahrung und können sich nicht mehr explosionsartig vermehren. Das Wasser bleibt in der Folge klar und frisch. Wenn sich die Wasser- und Randzonenpflanzen zu stark ausbreiten, werden sie ausgelichtet und zurückgeschnitten. Auch die im Winter abgestorbenen Pflanzenteile müssen rechtzeitig aus dem Wasser entfernt werden, damit die darin eingelagerten Nährstoffe bei der Zersetzung nicht wieder freigesetzt und im Wasser gelöst werden.

> ### Biologische Selbstreinigung
> ▶ Wenn von der Selbstreinigung bei Schwimmteichen die Rede ist, dann ist damit die natürliche Selbstreinigung durch die unter Wasser und im Bereich der Uferzone eingesetzten Repositionspflanzen gemeint. Rohrkolben, Laichkraut, aber auch so attraktive Pflanzen wie Seerosen helfen, die Wasserqualität ohne weitere Hilfsmittel auf einem hohen Niveau zu halten. Das biologisch geklärte Wasser eines Schwimmteiches entspricht dem klaren, weichen Wasser eines Sees in der freien Natur. Mikroorganismen (das so genannte Zooplankton) und Pflanzen im Wasser halten durch ihre Stoffwechselaktivitäten natürliche Prozesse in Gang. Diese sorgen letztendlich dafür, dass schädliche Keime, aber auch überflüssige Algen permanent unterdrückt werden. Im Schwimmteich geschieht dies vorrangig durch das Prinzip der Nährstoffverknappung. Wo Algen keine Nahrung finden, können sie gar nicht erst entstehen. Und wenn doch einmal zu viele Algen auftreten, dann sorgen die Mikroorganismen dafür, dass nach kurzer Zeit das Wasser im Schwimmteich wieder kristallklar ist.

GUT ZU WISSEN

Klares Wasser ist nährstoffarm

Die natürliche Form der Wasserklärung durch eine einfache Klärzone ganz ohne Technik funktioniert in einem richtig geplanten Schwimmteich dauerhaft erfolgreich, solange das Wasser konsequent nährstoffarm gehalten wird. Fische „düngen" durch ihre Ausscheidungen das Wasser und bringen den empfindlichen Kreislauf rasch zum Kollabieren. Einen ähnlichen Effekt hat zu nährstoffreiches Substrat, in das die Wasserpflanzen gesetzt werden. Dies entsteht zum Beispiel durch den Eintrag von herbstlichem Falllaub oder von nährstoffreichem Oberboden von außerhalb des Schwimmteiches, etwa durch Erosion. Gegen letzteres hilft eine Dränage rund um den Teich, die verhindert, dass Oberflächenwasser in den Teich fließt.
Wenn die Vegetationszone ausreichend groß geplant wurde, kann das System Schwimmteich Schwankungen im Nährstoffhaushalt jedoch relativ problemlos bewältigen.

Pflanzen für den Teich

Raues Hornblatt *(Ceratophyllum demersum)* Schlangenartige, bis einen Meter lange Triebe mit nadelartigen Blättern, die frei im Teich schwimmen („Unterwasserschwimmpflanze"). Die Triebe zerfallen leicht in kleine Teilstücke, die wieder neue Pflanzen bilden. Bei hohem Nährstoffangebot neigt Hornkraut zum Wuchern. Kurze Sprossteile überwintern am Teichgrund, abgestorbene Triebe fischt man im Herbst aus dem Wasser.

Segge *(Carex spec.)* Gräsergattung mit meist immergrünen, für feuchte und sumpfige Böden geeigneten Arten. Neben der Zierlichen Segge (*C. acuta*) eignen sich auch die Falsche Zyperngrassegge (*C. pseudocyperus*) und die Ufersegge (*C. riparia*) für die Flachwasserzone. Für den Randbereich wählt man zwischen Sumpfsegge (*C. acutiformis*), Gelber Segge (*C. flava*), Morgensternsegge (*C. grayi*) und Palmwedelsegge (*C. musingumensis*). Wassertiefe: 5 bis 10 Zentimeter.

Laichkraut *(Potamogeton spec.)* Sowohl das Krause Laichkraut *(P. crispus)* als auch das Schwimmende Laichkraut *(P. natans)* haben zwei Arten von Blättern: Die sich schnell ausbreitenden Unterwasserblätter reichern das Wasser mit Sauerstoff an. Später zeigen sich an der Wasseroberfläche lanzettlich-ovale Schwimmblätter, die die Pflanzenteile darunter beschatten. Große Unterwasserblätter bildet das Glänzende Laichkraut *(P. lucens)*. Für kleine Teiche ist *P. crispus* besser geeignet. Wassertiefe: 30 bis 80 Zentimeter.

Pfeilkraut *(Sagittaria sagittifolia)* Winterharte Staude mit charakteristisch pfeilförmigen, bis 25 Zentimeter langen Blättern und kleinen weißen Blüten an einen Meter hohen Stängeln. Unter Wasser werden bis 80 Zentimeter lange Schwimmblätter gebildet. Im Herbst erscheinen an den Enden der Ausläufer zwiebelähnliche Überwinterungsknollen. Wassertiefe: 10 bis 30 Zentimeter.

Regenerationszonen

Eine vielfältig bepflanzte Klärzone, in der Fachsprache Regenerationszone genannt, und ausreichend Unterwasserpflanzen werden der Aufgabe der Klärung in jedem Fall besser gerecht als eine nach rein optischen Kriterien gestaltete Zone. Je vielgestaltiger und artenreicher die Uferzone ist, desto interessanter wird sie auch für den Betrachter. Im Uferbereich können zusätzliche Nischen für die Natur geschaffen werden, welche eine Ansiedlung von Moosen und Farnen ermöglichen – für viele Kleintiere, aber auch für Vögel, ein willkommener Rast- und Badeplatz.

Teiche mit integrierter Pflanzenkläranlage

Die ursprüngliche Idee vom Schwimmteich beruht auf der harmonischen Einheit von Schwimmbecken und der für die Wasserreinheit verantwortlichen Regenerationszone. Bei dieser Bauweise wird dem tiefen Becken, das zum Schwimmen und Baden gedacht ist, auf einer oder mehreren Seiten eine Regenerationszone angegliedert. Die verschiedenen Tiefenzonen dieses Bereiches bieten den zur Klärung des Wassers nötigen Pflanzen einen geeigneten Lebensraum. Schwimmzone und Regenerationszone bilden im Idealfall eine optische Einheit – die gesamte Anlage ähnelt durch die bepflanzten Ufer einem normalen Gartenteich. Daher lässt sich ein Schwimmteich mit integrierter Regenerationszone besonders gut in ein naturnahes Gartenkonzept eingliedern. Bei der Neuanlage von Schwimm-

Die Regenerationszone ist klar vom Schwimmbereich getrennt, so dass keine wuchernden Pflanzen das Badevergnügen stören.

teichen ist eine Oberflächenabsaugung mit Skimmer und die integrierte Klärzone die am häufigsten gewählte und unproblematischste Form der Wasserklärung, bei der aber auf Zusatzinstallationen wie Pumpen nicht in jedem Fall verzichtet werden kann. Der bepflanzte Randzonenbereich sollte etwa so groß wie die Schwimmzone sein.

Wasserzirkulation

In einer in den Schwimmteich integrierten Klärzone dient die hochgezogene Beckenwand zwischen Schwimm- und bepflanzter Randzone dazu, dass der Boden des Pflanzbereiches vor Aufwirbelungen beim Badebetrieb geschützt wird und kein Substrat in die Schwimmzone gelangt. Für einen natürlichen Eindruck und eine gute Wasserzirkulation zwischen der Schwimm- und Klärzone ist es wünschenswert, die Beckenränder so tief wie möglich unter die Wasserlinie zu setzten, aber hoch genug, damit sie ihre Rückhaltefunktion erfüllen können.

Auch bei bereits bestehenden, konventionellen Swimmingpools kann durch eine entsprechende Nachrüstung eine integrierte Teichzone angegliedert werden, indem auf einer oder mehreren Seiten die Ränder des gemauerten oder aus Beton gegossenen Beckens um etwa 30 bis 40 Zentimeter abgebrochen und direkt mit einer entsprechend großen, bepflanzten Randzone verbunden werden.

Teiche mit separatem Klärbecken

Der Bau eines Schwimmteiches mit räumlich getrennter Teichzone ist unter anderem dann sinnvoll, wenn die topografische Situation den Bau eines Teiches mit integrierter Regenerationszone nicht zulässt. So kann zum Beispiel bei Grundstücken in Hanglage oder solchen mit problematischem Grundriss ein separates Klärbecken die Lösung des Platzproblems sein. Auch bei bestehenden Swimmingpools, die nachträglich zu Schwimmteichen mit biologischer Selbstreinigung umgerüstet werden sollen, ist der Bau einer separaten Klärzone eine mögliche Alternative zum Umbau des gemauerten Schwimmbeckens. Der Vorteil dieser Lösung besteht darin, dass keine baulichen Veränderungen am Pool selbst nötig sind, der Poolcharakter erhalten bleibt, aber dennoch in Zukunft auf chemische Reinigungsmittel verzichtet werden kann. Ein Nachteil ist der intensive Einsatz von Pumpen, denn bei allen Anlagen mit separatem Klärbecken ist zusätzliche Technik nötig. Das Wasser muss aus dem Schwimmteich ins Klärbecken und nach der biologischen Reinigung auch wieder dahin zurückgepumpt werden. Im Idealfall wird das separate Klärbecken an der höchsten Stelle der Schwimmteichanlage platziert. Dann muss das Wasser aus dem Schwimmteich nur nach oben gepumpt werden und fließt von selbst zurück in den Schwimmteich.

Funktionsweise

Das Wasser wird vom Schwimmteich abgepumpt und nach dem mechanischen Abfiltern der groben Partikel zur weiteren Klärung in ein separates Klärbecken bzw. eine Sumpfkläranlage geleitet. Das Abpumpen kann von der tiefsten Stelle der Schwimmzone erfolgen, sinnvoller ist aber die Wasserentnahme über den Skimmer, der die Wasseroberfläche von Blättern und dergleichen reinigt. Ein separates Klärbecken kann genauso als Teich mit Zonen von verschiedenen Wassertiefen angelegt werden wie der Regenerationsbereich des Schwimmteiches mit integriertem Pflanzenfilter. Eine Klärzone besteht entweder aus einer oder mehreren aufeinander folgenden Klärstufen. Klärzonen sind mit Folie abgedichtete, stufenförmig angeordnete Becken, die mit Kies und so genannten Repositionspflanzen bestückt werden.

In Schwimmteichen mit integriertem Pflanzenfilter übernimmt die Vegetationszone diese Aufgabe. Typische Repositionspflanzen sind zum Beispiel Rohrkolben (*Typha*-Arten), Sumpfschwertlilie (*Iris pseudacorus*), Flatterbinse (*Juncus effusus*), Igelkolben (*Sparganium erectum*) und Kalmus (*Acorus calamus*). Vor Schilf muss gewarnt werden, es bildet aggressive Wurzelausläufer, welche die Teichfolie schädigen können.

Das Wasser muss langsam durch die Klärzone rieseln und wird dann in geklärtem Zustand zurück in den Schwimmteich geleitet bzw. gepumpt. Wie bei der integrierten Pflanzenkläranlage rechnet man mit etwa der gleichen Größe der Klärzone im Verhältnis zur Wasserfläche des Schwimmbeckens.

Filter- und Klärtechnik

Ein professionell angelegter Schwimmteich mit ausreichender Bepflanzung sowohl unter Wasser als auch im Randzonenbereich braucht selbst bei normalem Badebetrieb keine zusätzlichen Filteranlagen. Der völlige Verzicht auf Teichtechnik ist für ökologisch bewusste Menschen einer der Hauptgründe für den Bau eines Schwimmteiches. Damit wird auch naturtrübes Wasser zu manchen Jahreszeiten (vor allem im Frühjahr) toleriert. Weil aber immer öfter glasklares Wasser im Badegewässer gewünscht wird, soll an dieser Stelle dennoch über Filter, Pumpen und Teichtechnik informiert werden.

Filter

Wenn über einen längeren Zeitraum hinweg unverhältnismäßig viele Schwebalgen auftreten, ist der Einsatz eines Filters zur Klärung des Wassers angebracht. Trübes Wasser darf nicht mit schlechter Wasserqualität gleichgesetzt werden. Es ist für den Benutzer nur ein optischer Störfaktor.
Grundsätzlich unterscheidet man zwischen zwei Filtertypen, dem mechanischen und dem biologischen. Ideal ist eine Kombination beider Systeme. Für alle Filtersysteme sind Pumpen erforderlich, die das Wasser aus dem Schwimmteich absaugen und zum Filter befördern, der sich innerhalb oder außerhalb des Gewässers befindet. Im Filter werden dem Wasser grobe Partikel und Schwebstoffe entzogen, bevor es in den Schwimmteich zurückfließt oder zurückgepumpt wird. Überschüssige Nährstoffe werden durch Bakterien abgebaut. Sie bilden auf den Filterkörnern einen Biorasen, der organische Verunreinigungen aus dem fließenden Wasser abbaut.

Skimmer

Ideal ist die Kombination eines Filters mit einem Oberflächen-Absaugbehälter, auch Skimmer genannt (von engl. to skim = abschöpfen, entrahmen). Der meist am Teichrand installierte, mit einem Laubfanggitter bedeckte Skimmer sammelt Blätter und andere auf der Wasseroberfläche treibende Grobstoffe ab, bevor das Wasser in einen Schacht läuft. Hier findet entweder eine mechanische Klärung statt oder eine Pumpe transportiert das so vorgefilterte Wasser in eine mechanische oder biologische Filteranlage. Am besten installiert man den Skimmer an dem Teichrand, zu dem die Hauptwindrichtung alle driftenden Partikel treibt. Der Skimmer sammelt auch entwurzelte oder abgeknickte Teile von Wasserpflanzen von der Wasseroberfläche ab. Das Fanggitter muss je nach Verunreinigung regelmäßig gesäubert werden.

Mechanische Filtersysteme

Die mechanische Filterung des Teichwassers erfolgt in der Regel durch Mehrkammersysteme. Nach der Grobfilterung in der ersten Kammer, die durch Bürsten oder Schaumstoffkissen erfolgt, werden in der zweiten Kammer Algen durch feinporige Schaumstoffplatten oder ähnliche Materialien ausgefiltert und zurückgehalten. In einer weiteren Kammer sickert das Wasser durch poröses Material wie Kies, Quarzsand, gelochte Ziegelsteine oder Gesteinssplitt.
So genannte UV-Filter arbeiten im Prinzip auch mechanisch. Die Wirkung von UV-Filtern beruht auf ultravioletter Strahlung, welche die Zellen von grünen Schwebalgen angreift. In der Folge verklumpen die Algen und bleiben leichter im Filter hängen. Auch schädliche Bakterien werden auf diese Art reduziert.

Der Carbonator-Topf ist mit einem speziellen Granulat gefüllt.

Ein Bachlauf unterstützt die Selbstreinigung des Schwimmteiches.

Biologische Filtersysteme

Nach dem Passieren eines Grobfilters, der Laub und andere Rückstände aus dem Teichwasser herausfiltert, kann das Teichwasser in einem Pflanzenfilter biologisch gereinigt werden. Dabei bauen aerobe Bakterien, die sich auf der porösen Oberfläche von speziellem Gestein ansiedeln, organische Verunreinigungen ab und können dem Wasser zusätzlich überflüssige Nährstoffe entziehen. Das Versickern muss sehr langsam geschehen, damit der Vorgang effektiv verläuft. Das Filtermaterial muss hin und wieder kontrolliert und eventuell nach einiger Zeit ausgetauscht werden

Eine elegante Lösung besteht darin, das geklärte Wasser über einen kleinen Bachlauf oder Wasserfall in den Schwimmteich zurückzuleiten. Der Filter kann natürlich auch auf gleichem Niveau angelegt werden, die erforderliche Pumpleistung ist dann geringer.

Pumpen

Alle Pumpen verfügen über einen aus dem Stromnetz gespeisten Elektromotor (Ausnahme: Solarpumpen) und werden als Trockenpumpen extern in einem separaten Pumpenschacht aufgestellt. Dies erhöht die Sicherheit für die Badenden und erleichtert die Wartung der Pumpe. Tauchpumpen im Badeteich sind verboten! Sie dürfen nur dann eingesetzt werden, wenn sie in einem separaten Schacht untergebracht sind, was in der Praxis aus Kostengründen nicht sinnvoll ist. Bei kleinen Teichen wird man eine Kreiselpumpe („Nassläufer") mit einer Maximalleistung von 100 bis 150 Litern pro Minute verwenden. Im Zweifelsfall entscheidet man sich lieber für eine etwas stärkere Pumpleistung, da durch die Schlauchlänge der Zu- und Ableitungen ein Druckverlust entsteht. Eine nachträgliche Drosselung z. B. durch Schlauchquetschen ist dann immer noch möglich. Man sollte beim Kauf jeglichen Zubehörs daran denken, dass die Schlauchanschlüsse verschiedener Hersteller meistens nicht kompatibel sind. In jedem Fall ist vor dem Kauf eine Beratung durch einen Fachhändler nötig. Außerdem muss darauf geachtet werden, dass die Pumpe das Prüfsiegel von VDE, TÜV oder GS trägt. Die Installation vor Ort überlässt man aus Sicherheitsgründen am besten einem Fachmann. Bei einer Selbstinstallation müssen alle gängigen Sicherheitsregeln eingehalten werden (siehe Seite 115: Sicherheit rund um den Teich).

Pumpenpflege

Die meisten Pumpen verfügen über einen Vorfilter. Dieser verhindert, dass grobe Schmutzpartikel von der Pumpe eingesaugt werden und diese verstopfen. Der Vorfilter muss gelegentlich gereinigt werden, um die Pumpleistung konstant zu halten. Im Winter müssen die Pumpen aus dem Pumpenschacht geborgen werden, damit sie nicht einfrieren.

Einsatzgebiete für Pumpen am und im Schwimmteich:

- zum Betreiben von Filtern
- zur Versorgung von Bächen oder Wasserfällen
- zum Betreiben von Wasserspielen, Fontänen oder Sprudelsteinen
- zur zusätzlichen Sauerstoffversorgung
- zum Absaugen des Beckenbodens im Schwimmbereich
- zum Umschichten des Wassers zwecks Temperaturausgleich
- zum Absenken des Wasserspiegels für Pflegearbeiten oder Reparaturen

Schwimmteiche mit Folienabdichtung

Die Abdichtung des Schwimmteiches mit einer Folie ist so einfach und bequem, dass dies schon fast der Normalfall ist. Andere Abdichtungen für Teiche wie Tonabdichtungen, Auskleidung des gesamten Teiches mit wasserfestem Beton oder fertig vorgeformte Kunststoffbecken können es bezüglich der leichten Verarbeitung, Pflege oder Beständigkeit kaum mit modernen Teichfolien aufnehmen oder sie sind für größere Becken nicht geeignet. Teichfolien sind inzwischen universell verfügbar. In jedem Baumarkt und Gartencenter kann man sie in verschiedenen Breiten und Stärken als Meterware von der Rolle kaufen, doch kaum ein Schwimmteich kann ohne das Verschweißen von Folienbahnen auskommen. Für diese Arbeiten sollte in jedem Fall der Fachmann herangezogen werden.

Der Boom, den Gartenteiche und Feuchtbiotope in den vergangenen Jahren erlebt haben, führte zu einer deutlichen Qualitätsverbesserung der einst steifen, widerspenstigen und dennoch empfindlichen Folien. Heute stehen ungiftige, flexible, extrem haltbare und wurzelfeste Folien zur Verfügung, die weder an das Teichwasser noch an die Umwelt irgendwelche Schadstoffe abgeben und sich auch bei der Entsorgung umweltneutral verhalten.

Folienqualitäten

Die nach wie vor gebräuchlichsten Folien sind aus Polyvinylchlorid (PVC). Sie lassen sich mit Heißluftschweißgeräten relativ einfach verschweißen. Folien aus Polyethylen (PE) gelten als umweltfreundlicher und können ebenfalls heiß verschweißt werden. Eine Alternative sind Folien aus Synthetik-Kautschuk (Butylfolien), die auch bei Minusgraden sehr elastisch, dehnbar und beständig sind. Außerdem kann man sie umweltfreundlich und leicht mit einem Spezialkleber verbinden. Der Nachteil dieser Folien ist, dass sie nur in schwarzer Farbe erhältlich sind. Es gibt aber auch dunkelgrüne, braune und anthrazitfarbene Folien. Dunkle Farben sind unauffällig, suggerieren optische Tiefe und wirken im Zusammenspiel mit der Uferbepflanzung am natürlichsten. Helle Teichfolien sehen durch abgelagerte Schwebstoffe rasch schmutzig aus und müssen daher öfter im Jahr gereinigt werden als dunkle Folien. Inzwischen sind aber fast alle im Handel erhältlichen modernen Folien hitze- und kältebeständig und resistent gegen UV-Strahlen.

Folienstärken

Teichfolien werden in verschiedenen Stärken zwischen 0,5 und 2,2 Millimeter angeboten. Für einen Schwimmteich empfiehlt sich aufgrund der hohen Belastung durch den Badebetrieb, aber auch wegen der Bepflanzung in den Randzonen und einer eventuellen Gestaltung mit Steinen, eine Folienstärke

Auch sehr große Schwimmteiche können dank Folienabdichtung naturnah in die Landschaft integriert werden.

von 1,5 Millimeter. Sie ist ausreichend fest und auch gleichzeitig flexibel genug. Bei dickeren Folien unterschätzt man oft das Gewicht und sie sind schwerer zu verarbeiten. Die 1,5-Millimeter-Folie ist zwar mehr als doppelt so teuer wie dünne Folien, der hohe Preis zahlt sich aber langfristig aus, denn für einen Teichbesitzer gibt es nichts Schlimmeres als einen undichten Teich. Reparaturen in einem befüllten, undicht gewordenen Teich sind sehr aufwändig und kostspielig, da nicht nur das Wasser abgepumpt werden muss, sondern meist auch die Bepflanzung und die Substratschicht in der Uferzone entfernt werden müssen, um das Leck zu finden.

Die richtige Verarbeitung

Beim Verlegen der Folie kommt es auf eine sorgfältige Verarbeitung an, damit keine Löcher auftreten. Auch beeinträchtigen zu viele Falten die Optik. Vor dem Verlegen ist daher eine sorgfältige Vorbereitung des Untergrundes unverzichtbar. Das ausgehobene Teichgelände sollte frei von Steinen, spitzen oder kantigen Gegenständen sein. Schutz bietet aber auch ein spezielles, textilartiges Vlies aus Polypropylen in der Stärke von 300 g/m². Dieses wird unter der Folie verlegt und isoliert zusätzlich.
Das Zuschneiden und Verlegen mit anschließendem Verkleben oder Verschweißen der Folie ist eine schwierige Aufgabe und erfolgt am besten durch eine Fachfirma bei warmem, trockenem Wetter, da die Folie dann am flexibelsten ist.

Kapillarsperre

Damit das Wasser nicht durch die Kapillarwirkung vom angrenzenden Erdreich aufgesaugt wird, ist die richtige Verarbeitung der Folie am Teichrand besonders wichtig. Einfaches Eingraben der Folienränder im angrenzenden Rasen oder Beet genügt nicht. Für eine Kapillarsperre wird sie am Rand zunächst ansteigend bis auf das Niveau des Gartenbodens verlegt und dann senkrecht aufgestellt, so dass die Folienränder über den Wasserspiegel hinausragen. Für eine stabile Kapillarsperre wird die Folie über eine Kante aus Betonleistenstein oder Kunststoff gezogen. Holzbohlen, Steinstufen oder Steinbrocken kaschieren die aufgestellten Folienränder.

Alle Arbeiten – bis auf das Verschweißen der Folie – können auch von Laien durchgeführt werden, sofern sie über handwerkliches Geschick und ausreichend Kraft verfügen. Die schwierige Berechnung des Folienbedarfs, das hohe Gewicht der Folie, ihre Empfindlichkeit für Verletzungen, das möglichst faltenlose Verlegen und vor allem das Verkleben oder Verschweißen vor Ort sind jedoch Faktoren, die dafür sprechen, eine Fachfirma mit diesen Arbeiten zu beauftragen. Das ist zwar auf den ersten Blick etwas kostspieliger, lohnt aber in jedem Fall. Unschöne Falten beeinträchtigen nicht nur die Optik, sondern sind auch Schwachstellen, in denen sich zudem lästige Schmutzpartikel ablagern können. Eine teure Folie kann durch unsachgemäße Verlegung ruiniert werden, was im Endeffekt weitaus teurer kommt.

Ein Schwimmteich im Bau macht anschaulich, wie sorgfältig die Folie verlegt werden muss.

Schwimmteiche mit Betonwand

Beton ist ein Baumaterial, das sich wegen der plastischen Eigenschaften im Prinzip gut für den Bau von Teichen eignet. Geschwungene Ufer lassen sich leichter modellieren als mit genormten Steinen, Mauern können rasch und sicher in Schaltechnik ausgeführt werden. Der Teichgrund wirkt zudem natürlicher als schwarze Kunststofffolie, da sich schon bald Algen auf der rauen Betonoberfläche ansiedeln. Die Verarbeitung des Baustoffs ist aber nicht einfach und muss in jedem Fall so sorgfältig durchgeführt werden, dass nirgends Risse entstehen. Wenn sich der Erdboden setzt, können jedoch mit der Zeit Haarrisse auftreten. Genauso kann Frost die Lebensdauer von Betonteichen verkürzen. Zur Abdichtung muss dann letztendlich doch eine Teichfolie über dem Beton ausgebreitet werden. Bedenken sollte man auch, dass die Beseitigung eines Betonbeckens bei einer Umgestaltung des Gartens mit erheblichem Aufwand verbunden ist.

Beton als Baumaterial für Schwimmteiche kann zu überraschend attraktiven Lösungen führen, wie dieses Beispiel zeigt.

Schalung oder Betonschalsteine

Eine saubere Trennung der Vegetationszone von der Schwimmzone kann durch eine Betonmauer erfolgen, die vor dem Auskleiden des Schwimmteiches mit Teichfolie errichtet wird. Sie ist bei der Errichtung stabiler als ein Erdwall und kann ihn dort ersetzen, wo der Untergrund zu mürbe ist und wegbricht. Außer Schalungen aus Metall oder Holz kann man auch Betonschalsteine verwenden. Sie sind preiswert und leichter zu verarbeiten. Bei der Verwendung muss allerdings darauf geachtet werden, dass die Oberkante der Mauer und die Innenseite des Teichs, dort wo die Folie anliegt, möglichst glatt sind. Ein Vlies kann zwar kleine Unebenheiten, aber keine Kanten und Ecken ausgleichen. Durch den Druck des Wassers würden sie mit der Zeit die Folie beschädigen. Vor dem Auskleiden des Schwimmteiches mit Folie kann man eventuell vorhandene spitze Unebenheiten mit Mörtel ausspachteln.

Vom Swimmingpool zum Schwimmteich

In vielen Gärten aus der Zeit des Wirtschaftswunders gibt es konventionelle Swimmingpools mit türkisblauem Schutzanstrich oder solche, die mit Kacheln ausgekleidet wurden. Was damals voller Optimismus als moderne Freizeitanlage geplant wurde, entpuppte sich im Nachhinein oft als arbeitsaufwändiger Pflegefall, der neben einer Reihe technischer Apparaturen auch reichlich teure Chemie brauchte, um zu funktionieren. Nicht selten wurde schließlich irgendwann resigniert das Wasser abgelassen und der verwaiste, im schlimmsten Fall sogar verwahrloste Pool zum Ärgernis im Garten – zu allem Überfluss auch noch an prominenter Stelle mitten im Rasen gelegen und von allen Seiten gut sichtbar. Manchmal tritt ein solcher Pool auch mit dem Kauf eines Hauses ganz überraschend in das Leben der neuen Besitzer. Plötzlich mit der Frage konfrontiert, ob sie den Pool renovieren und mit neuester Technologie ausstatten oder abreißen und das entstehende Loch zuschütten sollen (was auch nicht billig ist), entscheiden sich immer mehr Besitzer für den behutsamen Rückbau der Anlage und für die Einrichtung eines Schwimmteiches. Der Abschied vom Statussymbol vergangener Jahrzehnte wird mit einer naturnahen Teichlandschaft belohnt, die neben dem Nutzwert als Badegewässer auch zur Zierde des gesamten Gartens werden kann – und das ganzjährig und bei deutlich reduziertem Pflegeaufwand gegenüber dem konventionellen Swimmingpool.

Eine Regenerationszone schaffen

Am einfachsten gelingt die Umwandlung des Pools in einen Schwimmteich, indem die bestehenden Bauteile teilweise umgestaltet werden. Der wesentliche Schritt besteht darin, die Ränder des Pools um etwa 40 Zentimeter abzutragen, um den späteren Wasseraustausch zwischen Bade- und Klärzone zu ermöglichen. Rund um den rechteckigen Pool wird anschließend die Randzone für den Regenerationsbereich mit den verschiedenen Tiefen ausgehoben. Man kann die Randzone auch nur an zwei oder drei Seiten an das Becken anschließen und die bleibenden Poolränder als Einstiegszone benutzen. Je nachdem, wie das Betonbecken damals konstruiert wurde, kann die ehemalige Einfassung wie eine Betonwand im Schwimmteich auftragen und die verschiedenen Bereiche voneinander abgrenzen. Schließt sich an den ehemaligen Beckenrand die Regenerationszone an, muss diese entsprechend breit ausfallen, damit von den Pflanzen die erforderliche Klär- und Filterleistung erbracht werden kann. Ein Bereich sollte ausreichend tief sein, damit sich auch Unterwasserpflanzen entwickeln können. Wie bei neu angelegten Schwimmteichen wird nach der Geländemodellierung der Untergrund einschließlich des ehemaligen Swimmingpools mit einer Schutzlage aus Vlies und/oder Sand vorbereitet und anschließend vollständig mit einer Teichfolie ausgekleidet. Gut funktioniert ein derart umgebauter Schwimmteich, wenn die Badezone mindestens zwei Meter tief und für eine Klärzone ebenso viel Platz wie für den Schwimmbereich vorhanden ist. Bei flacheren Becken besteht die Gefahr, dass sich das Wasser im Sommer zu stark erwärmt. Jedenfalls sollte hier die Überlegung angestellt werden, den Boden abzusenken. Eine Tiefe von zwei Metern wird auch deshalb oft gewählt, um Sedimente am Boden des Schwimmbereichs beim Baden nicht aufzuwirbeln.

Separates Klärbecken

Will man die Vorzüge eines Schwimmteiches mit der sauberen Optik eines konventionellen Pools vereinen, kann man auch ein separates Klärbecken anlegen, in dem das Wasser des Pools durch Pflanzen regeneriert und anschließend in das Badebecken zurückgeleitet wird. Hierfür ist dann jedoch in jedem Fall eine technische Unterstützung in Form von Pumpen und Filtern nötig. Auf der ehemaligen Auskleidung des Pools mit Kacheln oder Kunststofffarbe siedeln sich durch den Verzicht auf chemische Biozide unweigerlich Algen an. Durch Berührung entstehen wenig appetitliche, helle Wischstellen. Alternativ kleidet man das Becken mit Teichfolie aus.

Schwimmteiche mit eingebautem Holzbecken

Warum ein Wall als Abtrennung zwischen Schwimm- und Vegetationszone nötig ist, wurde bereits oben erklärt. Bei vielen Schwimmteichen wird dieser Wall aus anstehendem Erdreich modelliert oder aus Beton errichtet, bevor die abdichtende Folie auf dem Teichgrund ausgebreitet wird. Alternativ dazu kann das Schwimmbecken auch mithilfe einer Holzkonstruktion abgegrenzt werden, die auf der bereits ausgelegten Teichfolie errichtet wird. Der Vorzug einer Abgrenzung aus Holz liegt vor allem im optischen Reiz, den das natürliche Material ausstrahlt. Gut eignen sich hölzerne Becken vor allem für kleinere Anlagen, etwa Tauchbecken im Saunagarten oder solche, die der sommerlichen Erfrischung dienen. Auch Plantschbecken für Kinder lassen sich durch Holzbecken gut vom Vegetationsbereich abgrenzen. Einbauten wie Leitern, Treppen oder Stufen können unkompliziert und harmonisch in die hölzernen Becken einbezogen werden. Wenn man nicht über reichlich Erfahrung, viel Zeit und großes Geschick bei Holzarbeiten verfügt, beauftragt man am besten einen Schreiner mit dem Bau. Durch die Kosten für das Material, vor allem aber durch die zusätzlich anfallenden Arbeitsstunden, wird ein großes Holzbecken für einen echten Schwimmteich leider eine recht teure Angelegenheit. Leicht kann sich der Preis für einen Schwimmteich mit Holzbecken im Vergleich zu einem normalen Folienteich verdoppeln.

Die Konstruktion

Am besten eignet sich heimisches Lärchenholz für die Verwendung am und unter Wasser. Es ist auch ohne Imprägnierung langlebig und stabil. Ob so genanntes „Mondholz" – also Holz, das von Bäumen stammt, die in bestimmten Mondphasen gefällt wurden – wirklich eine bessere Qualität und eine längere Lebensdauer besitzt als „normales" Holz, konnte bislang wissenschaftlich nicht nachgewiesen werden. Die Einschätzung bleibt daher jedem selbst überlassen.
Der Bau des Holzbeckens muss sehr vorsichtig erfolgen, weil es auf die bereits ausgelegte, empfindliche Teichfolie aufgesetzt wird. Eine Lage aus Schutzvlies zwischen den aufliegenden Holzteilen und der Folie ist unbedingt nötig, damit diese nicht durch Splitter, scharfe Kanten oder Ecken verletzt wird. Zur Stabilisierung des Beckens werden rückseitig (in die Vegetationszone hineinreichend) schräge Stützstreben angebracht, die auf ein Querholz am Teichboden aufgelegt werden. Den oberen Abschluss des Beckens, etwa 40 bis 50 Zentimeter unterhalb des Wasserspiegels, bilden breite, gehobelte und abgefaste Bretter, die beim Badespaß auch als Unterwasser-Sitzgelegenheit dienen können. Damit die hölzerne Konstruktion nicht aufschwimmt, muss sie mit einer Kiesschüttung beschwert werden.

Tauchbecken mit ökologischer Klärung

Nach dem Schwitzen in der Sauna oder an einem brütend heißen Sommertag ist es herrlich erfrischend, in einem Tauchbecken im Garten Abkühlung zu suchen. Dazu muss man keine große Anlage errichten, denn es kommt hier nicht aufs Schwimmen an, sondern nur auf ein kurzes Eintauchen und eine spontane Abkühlung. Nur tief genug muss das Becken sein, damit man ganz im köstlichen Nass untertauchen kann. Statt in einem der üblichen mit Leitungswasser gespeisten, mit chemischen und technischen Mitteln geklärten Tauchbecken kann dies auch in einem kleinen, naturnahen Becken erfolgen, das nach dem Prinzip des sich selbst reinigenden Schwimmteiches funktioniert.
Die Konstruktion eines natürlich geklärten Tauchbeckens erfolgt genau wie bei großen Schwimmteichen. Das ausgehobene Becken und die Randzone werden mit Vlies und Folie abgedichtet und eine Kapillarsperre eingebaut. Da die Wände des eigentlichen Tauchbeckens jedoch abrupter und steiler als beim Schwimmteich sind, empfiehlt sich eine stützende Betonmauer oder ein eingebautes Holzbecken zur Stabilisierung. Die Klärzone muss, damit sie ihre Aufgabe erfüllen kann, eine etwa doppelt so große Oberfläche haben wie das Tauchbecken. Verschiedene Wassertiefen der Randzone zwischen

null und 80 Zentimetern ermöglichen eine vielfältige Bepflanzung mit Unterwasser-, Schwimmblatt- und Randzonenpflanzen, die für eine ausreichende Reinigung des Wassers sorgen. Wenn das Tauchbecken eine Tiefe zwischen 150 und 180 Zentimetern und eine Oberfläche von etwa zwei Quadratmetern hat, bleibt das Wasser dort auch im Sommer ausreichend kühl, um ein Umkippen des Gewässers zu verhindern. Eine umlaufende, unter Wasser auf die Beckenkante montierte Randabdeckung aus Lärchenholz, die als Sitzbank dient und ein Steg mit einer Leiter, die ins Wasser führt, machen das Badevergnügen perfekt. Solche naturnahen Tauchbecken, die ganz ohne technische Unterstützung auskommen und fast wartungsfrei sind, eignen sich besonders gut für Gartengrundstücke, die außerhalb von Siedlungen liegen und keinen Stromanschluss haben. Um bei so kleinen Anlagen eine Umwälzung des Wassers zu unterstützen ist die Installation eines Skimmers empfehlenswert. Da nur eine geringe Pumpenleistung notwendig ist, kann eine Solarpumpe eingesetzt werden. Allerdings sollte auch hier aus Sicherheitsgründen ein Zaun verhindern, dass ungebetene Gäste sich in das Becken verirren und zu Schaden kommen.

Die Wasseranalyse

Schon bei der Planung, aber jedenfalls vor dem Bau muss das Füllwasser auf Tauglichkeit überprüft werden. Eine Trinkwasseranalyse, wie sie in vielen Gemeinden angeboten wird, ist nicht ausreichend. Insbesondere der Nährstoffgehalt muss untersucht und – je nach Ergebnis – das Wasser vor der Befüllung aufbereitet werden. Die Beurteilung kann nur durch eine Fachfirma erfolgen, die dann die erforderlichen Maßnahmen vorschlagen kann. Da manche dieser Maßnahmen auch bauliche Belange betreffen – wie zum Beispiel den Einbau eines Füllwasserfilters – ist eine Nachrüstung solcher Einrichtungen kostspieliger als die Einplanung beim Neubau. Viele Probleme mit Schwimmteichen sind auf die versäumte Wasseranalyse zurückzuführen.

Die Wasserprobe zur späteren Analyse entnimmt man in der Schwimmzone.

Wie viel Technik ist notwendig?

Das Prinzip des sich selbst reinigenden Schwimmteiches beruht darauf, dass die natürlichen Selbstreinigungseffekte möglichst optimal genutzt werden. Durch ganz natürliche biologische, physikalische und chemische Prozesse wird eine Wasserqualität erzielt, die badetauglich ist und hautfreundliches Wasser garantiert.

Trotz umsichtiger Planung kann es aber vorkommen, dass die biologische Klärung des Teichwassers nicht zufrieden stellend funktioniert. Tritt eine starke Trübung durch Schwebalgen auf, kann es nötig werden, das Wasser zusätzlich zu filtern. Hierzu eignen sich sowohl mechanische als auch biologisch arbeitende Filtersysteme. Für die zusätzliche Filterung muss eine Pumpe installiert werden, die das Wasser in den Filter und von dort zurück in den Teich transportiert.

Oft stellt sich die Frage nach Luftpumpen zur Anreicherung des Wassers mit Sauerstoff. Bei richtiger Planung sind solche zusätzlichen Installationen aber nicht notwendig.

Ablagerungen absaugen

Grobe, auf dem Wasser treibende Partikel wie zum Beispiel herangewehtes Laub können mithilfe eines automatisch arbeitenden Skimmers von der Teichoberfläche abgeschöpft werden. Vom Skimmer aus läuft das Wasser zurück in den Teich oder kann in ein externes Filtersystem gepumpt werden.

Nach etwa einem Jahr setzt sich am Boden der Schwimmzone feiner Schlamm ab, der dann bei jedem Badegang aufgewirbelt wird. Mit einem speziellen Schlammsauger muss diese Schicht aus Sedimenten entfernt werden.

Verschiedene Hersteller bieten so genannte biologische Teichpflegemittel an. Deren Notwendigkeit und Einsatz sind unter Schwimmteichbesitzern umstritten. In einem gut geplanten Schwimmteich mit funktionierenden biologischen Kreisläufen sollten sie eigentlich überflüssig sein.

Skimmer und Pumpen müssen immer in einem separaten Pumpenschacht installiert werden.

Checkliste – Planung eines Schwimmteichs

▶ **Platzbedarf** Der Schwimmbereich benötigt die Hälfte der Wasseroberfläche, die andere Hälfte wird vom Regenerationsbereich, eventuell mit Pflanzenfilter in Anspruch genommen. Auf Wunsch (z. B. bei extrem Hanglagen) können beide Bereich getrennt angelegt werden, was aber den Einsatz von Technik notwendig macht. Schon bei der Planung des Schwimmteiches überlegen, was nach dem Ausbaggern der Grube mit dem Aushub geschieht.

▶ **Teichgröße** Wie beim Hausbau tendieren Bauherren bei Beginn der Planung zu einer zu großen Wasserfläche. Der Wunsch nach langen Schwimmstrecken, ohne wenden zu müssen, muss durch die Anzahl der Badetage im mitteleuropäischen Sommer relativiert werden. Bei der Reduktion der Wasserfläche kann am meisten eingespart werden.

▶ **Selbstbau** Führen Sie nur Arbeiten durch, die Sie wirklich beherrschen. Beim Folienverschweißen ist darüber hinaus zu beachten, dass im Baumarkt angebotene Geräte für größere Schweißarbeiten nicht geeignet sind, da die nötigen Schweißtemperaturen nicht erreicht werden. Die Sanierung eines Teichs übersteigt meist die bis dahin investierte Summe.

▶ **Auftragsvergabe** Wichtigstes Kriterium neben dem Preis und einer gediegenen Gestaltung ist bei der Vergabe des Auftrags die Besichtigung von Referenzanlagen und ein Gespräch mit den Teichbesitzern.

▶ **Technik** Je mehr Technik desto größer ist die Gefahr eines technischen Gebrechens. Die Rohrleitungen sollten möglichst kurz gehalten werden und der Pumpenschacht nahe beim Teich liegen. In der Regel können alle technischen Einrichtungen von einer Pumpe betrieben werden.

▶ **Bauzeit** Die ideale Bauzeit gibt es nicht. Ausgeschlossen ist der Winter, im Frühjahr und Frühsommer ist die Witterung meist ideal, aber die Nachfrage am größten, da jeder angehende Teichbesitzer im Sommer bereits baden will. Der Bau im Sommer hat den Nachteil eines verwüsteten Gartens zum Zeitpunkt, wo man ihn am meisten genießt. Die Errichtung im Herbst hat den Vorteil, dass bereits in der ersten Badesaison der Regenerationsbereich schön entwickelt ist.

▶ **Planungs- und Baudauer** In vier Wochen ist eine vollständige Planung möglich. Verzögerungen des Baubeginns können durch notwendige Genehmigungen (regional sehr unterschiedlich) verursacht werden, weshalb gleich zu Planungsbeginn diesbezüglich nachgefragt werden soll. Ein etwa 100 m² großer Teich kann in etwa drei Wochen errichtet werden. Keinesfalls sollte mit der Planung nach dem Aushub begonnen werden. Die händischen Nacharbeiten des Aushubs sind meist sehr kostspielig.

▶ **Fische** Ein Schwimmteich ist ein Schwimmteich. Ein Fischteich ist ein Fischteich. Die Voraussetzungen für gut funktionierende Teiche beider Arten sind zu unterschiedlich, um beides unter einen Hut zu bekommen. Einfach darauf verzichten!

▶ **Algen** sind Bestandteil eines natürlichen Schwimmteichs. Das übermäßige Algenwachstum kann ein Problem werden. Minimiert wird es durch professionell errichtete Teichanlagen und unterstützend durch technische Einrichtungen.

▶ **Tiefe des Schwimmbereichs** In der Regel wird dieser zwei Meter betragen. Diese Tiefe verhindert, dass zum Boden gesunkene Sedimente beim Baden aufgewirbelt werden und die Wassertemperatur zu sehr ansteigt, was Algenwachstum fördert.

▶ **Sicherheit für Kinder** Kein Zaun und kein Warnsystem kann die Aufsichtspflicht der Eltern ersetzen. Das gilt sowohl für Teichbesitzer wie für Besucher.

▶ **Standort** Der Schwimmteich braucht einen möglichst sonnigen Standort. Eine Beschattung vom späten Vormittag bis zum mittleren Nachmittag verhindert jedoch die zu starke Erwärmung des Wassers und damit verbundenes kräftiges Algenwachstum. Hohe Laub- und Nadelbäume haben in der unmittelbaren Nachbarschaft des Schwimmteiches nichts zu suchen. Sie beschatten das Gewässer unnötig und im Herbst droht durch das Falllaub eine Überdüngung des Teichwassers.

▶ **Dokumentation** Wenn Kabel verlegt werden, muss während der Bauphase ein Plan angefertigt werden, damit bei späteren Grabungen keine Leitungen verletzt werden. Teichbaufirmen müssen unaufgefordert einen solchen Plan liefern.

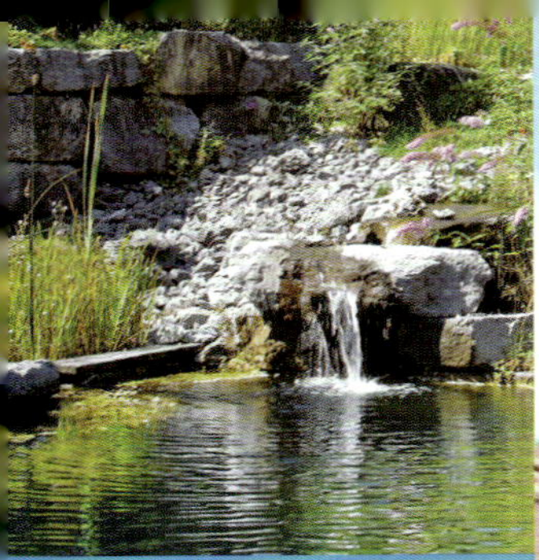

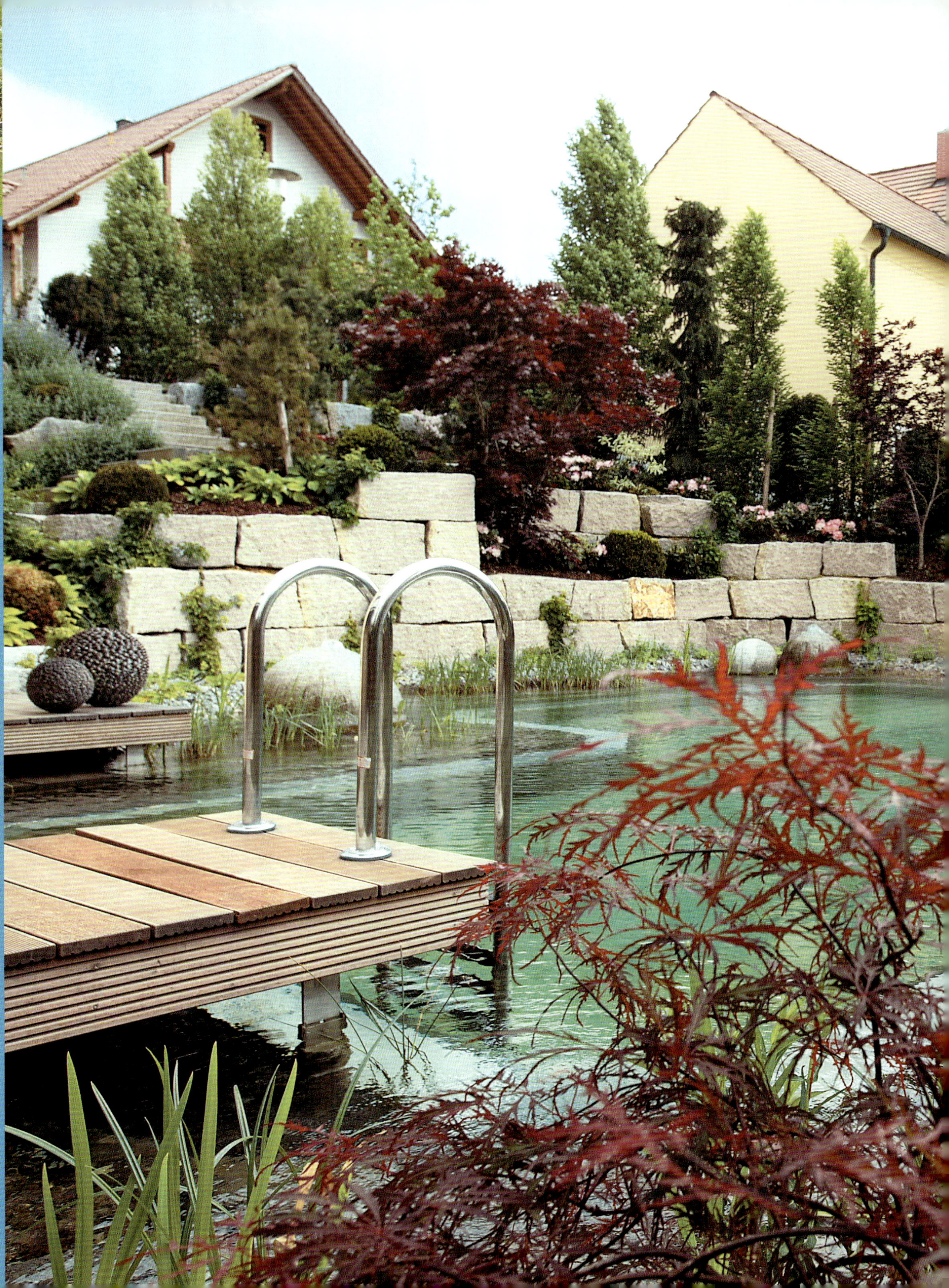

Realisierte Träume

Seit über zwanzig Jahren werden fantasievoll und erfolgreich Schwimmteiche gebaut und von ihren Besitzern mit Begeisterung genutzt. Doch da die Teiche oft im Stillen genossen und die Badefreuden meistens nur mit der Familie und den engsten Freunden geteilt werden, erfährt man meist gar nichts oder nur über Umwege von den Erfahrungen, welche die Besitzer mit ihren Teichen gemacht haben. Dabei sind solche Berichte aus der alltäglichen Praxis, angereichert mit Schilderungen von besonderen Erlebnissen, oft viel aufschlussreicher als alle Theorie und können zukünftigen Schwimmteichbesitzern wertvolle Anregungen und Tipps geben.

Vielfalt eines Prinzips

Die Anlagen unterscheiden sich oft gewaltig. Da gibt es den Schwimmteich, der eigentlich nicht mehr ist als ein kleines Badebecken hinter dem Haus, das im Sommer für Abkühlung sorgt und in dem die Kinder munter plantschen können. Aber es gibt auch die ausgedehnte Wasserlandschaft mit einem mehrere Meter tiefen Schwimmbereich, einem Flachwasserbecken und einem Springbrunnen in der Regenerationszone. Und wer glaubt, beim Thema Schwimmteich stehe Naturromantik an erster Stelle, täuscht sich: Ein edel gestylter Designerteich kann sich mit dem glänzenden Stahlgeländer in der Glasfassade des funktionalen Wohnhauses spiegeln und dennoch über eine biologische Wasserklärung verfügen. Aber nach wie vor gibt es auch den naturnah angelegten, romantischen Schwimmteich mit Seerosen zwischen raschelndem Rohrkolben, der Kinder und Erwachsene zur Expedition ins Tierreich am Teichufer einlädt.

Badehaus geschützt vor neugierigen Blicken – hier wurde der Traum vom Freizeitparadies verwirklicht.

Gemeinsame Erfahrungen

So unterschiedlich und individuell die Konzepte der einzelnen Schwimmteiche auch sind, einige Aspekte bezüglich Unterhalt und Pflege haben sie dennoch fast immer gemeinsam. Bei einer Befragung von Schwimmteichbesitzern konnten deren Erfahrungen mit dem Betrieb, der alltäglichen Pflege und der Reinigung der naturnahen Badegewässer erfasst und für dieses Buch aufgezeichnet werden. Diese Erfahrungsberichte von Schwimmteichbesitzern sind auch deshalb so wichtig, weil jeder neue Schwimmteich wunderschön aussieht, aber erst die Zeit zeigt, welche beim Bau getroffenen Entscheidungen sich bewährt haben und welche revidiert werden müssen. Nicht immer funktioniert alles wie geplant und es wäre nicht ehrlich, wenn man verschwiege, dass der eine oder andere Schwimmteichbesitzer nach einigen Jahren zusätzliche technische Apparaturen installiert hat, um das Algenwachstum zu verringern und die Wasserqualität zu verbessern. Andere Schwimmteichbesitzer berichten, dass das Prinzip der natürlichen Selbstreinigung bei ihrer Anlage auf Anhieb funktionierte und das System selbst nach vielen Jahren Dauerbetrieb bis heute problemlos läuft.

Ein Stück vom eigenen Leben

Die Frage nach den ganz persönlichen Erlebnissen und Gefühlen der Besitzer, die sie mit dem Schwimmteich im eigenen Garten verbinden, verleiht den Schilderungen Farbe und Persönlichkeit. Da entdeckt jemand, der vorher kaum einen Blick an Insekten, Lurche oder andere Teichbewohner verschwendet hätte, am Teichufer plötzlich sein Interesse an Fauna und Flora. Manch unruhiger Geist, der ständig in Aktivitäten verstrickt war, findet plötzlich am Teich Ruhe und Muße, um das Leben ganz ohne ständigen Reizfluss zu genießen. Und viele haben einfach die Freuden eines Bades in natürlich weichem Wasser für sich entdeckt und genießen allein oder mit der Familie, Freunden und Bekannten die Stunden am und im Schwimmteich.

Rechts *Auch auf Hanggrundstücken lässt sich ein großzügiger Schwimmteich verwirklichen.*

Unten *Im Winter wird der Schwimmteich zur Eislaufbahn.*

Badevergnügen auf kleinstem Raum

Die Idee, einen Schwimmteich zu bauen, war für die Besitzer dieses Kleinods nichts völlig Neues, denn die Schwester des Bauherrn besaß bereits einen solchen. Anhand dieses Beispiels konnten sich die zukünftigen Schwimmteichbesitzer von der Atmosphäre am Teich begeistern lassen und davon überzeugen, dass solch ein naturnahes Stillgewässer das ganze Jahr über hübsch anzusehen ist. Fasziniert waren sie auch von der sich selbst ansiedelnden Teichfauna und der Möglichkeit, die gefrorene Wasseroberfläche im Winter als Eislaufplatz zu benutzen. Zweifel bestanden jedoch noch, was die Größe des Schwimmteiches anlangte, schließlich stand im Garten hinter dem Haus nur relativ wenig Platz zur Verfügung. Eine auf Schwimmteichbau spezialisierte Firma konnte aber aus jahrelanger Erfahrung bestätigen, dass auch bei kleineren Teichen die natürliche Selbstreinigung funktioniert.

Unten *Kristallklares, erfrischendes Wasser verlockt zu einer Expedition ins kühle Nass.*

Ein Badeteich im Handtuchgarten

Der für den Bau des Schwimmteichs vorgesehene Garten ist gerade mal zehn Meter breit, dafür aber sehr lang gestreckt – ein typischer „Handtuchgarten" eben, wie man ihn häufiger in unseren dicht besiedelten Städten findet. Die etwas problematische Ausgangssituation wurde bravourös gemeistert, indem direkt neben der ans Haus angrenzenden Terrasse eine künstliche Quelle angelegt wurde. Ihr Wasser ergießt sich sprudelnd neben der breiten Holztreppe, die zum etwas tiefer gelegenen Schwimmteich führt, in den Teich. Dieser füllt fast die gesamte Grundstücksbreite aus. Nur an den Rändern blieben schmale Wege, die in den hinteren Gartenteil führen und die Pflege der Teichflora an den Ufern erleichtern.

Wasserkreislauf für frisches Wasser

Der Schwimmteich ist in Winkelelementbauweise erstellt und verfügt über eine Wasserumwälzanlage, was besonders bei Teichen geringer Größe sehr zu empfehlen ist. Der Wasserkreislauf, der zusammen mit der bepflanzten Klärzone für gleich bleibend frisches Badewasser sorgt, beginnt beim Skimmer, der die Wasseroberfläche automatisch reinigt, indem er grobe Partikel wie Falllaub und Ähnliches absammelt. Von dort gelangt das Wasser über eine Pumpe zu dem kleinen Bachlauf neben der Treppe, von der das frische Nass zurück in den Teich fließt. Schon am Vormittag scheint die Sonne auf die Wasserfläche und erwärmt sie auf angenehme Badetemperatur. Die auf zwei Seiten umlaufenden Holzstege werden ebenfalls fast den ganzen Tag von den Sonnenstrahlen verwöhnt und laden zum Faulenzen und Entspannen ein.

Rechts *Das schmale, lang gestreckte Grundstück wurde für den Bau des Schwimmteiches optimal ausgenutzt. Nur ein schmaler Pfad bleibt zwischen dem Teich und dem Holzzaun, der das Nachbargrundstück abgrenzt.*

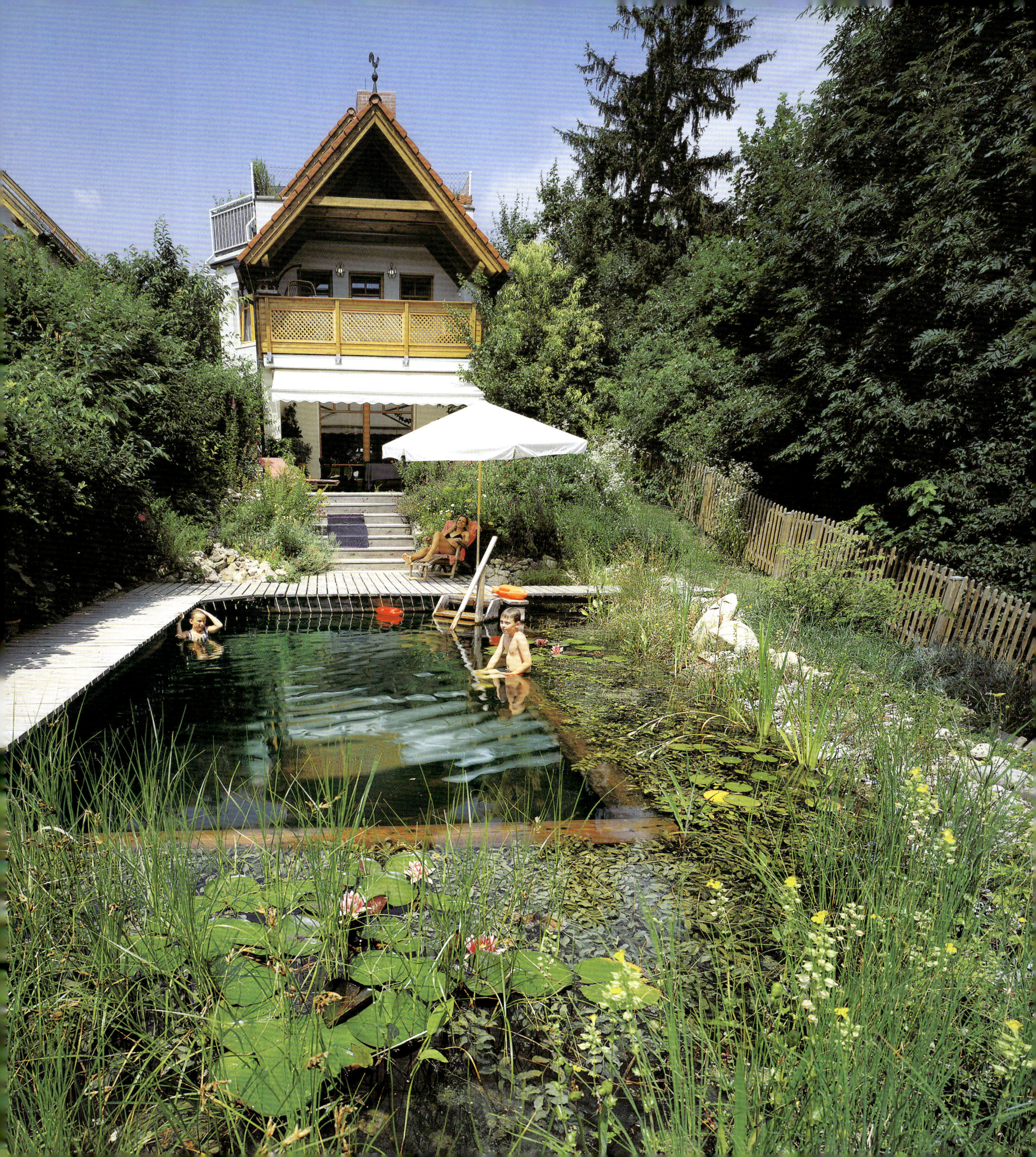

Blick von oben auf den Schwimmteich und die sich seitlich anschließende, gut eingewachsene Klärzone.

Ältere Teiche brauchen mehr Pflege

Der Teich hat die Erwartungen der Besitzer voll erfüllt. Bisher mussten sie nie das Wasser wechseln und konnten ihn alljährlich einmal ohne Probleme mit dem Sauggerät, das an die Teichpumpe angeschlossen wird, gut von Sedimenten reinigen. Nach acht Jahren Dauerbetrieb muss dem Teich jedoch in Zukunft wohl etwas mehr Pflege gewidmet werden, da die Pflanzen zu wuchern beginnen und öfter zurückgeschnitten werden müssen. Auch das Absaugen der Sedimente im Schwimmbereich sollte nun öfter als einmal im Jahr erfolgen, damit das Bad ein ungetrübtes Vergnügen bleibt.

Ein Spaß für die ganze Familie

Der Teich macht nach wie vor der ganzen Familie Spaß. Als er gebaut wurde, waren die Kinder sechs und neun Jahre alt. „Damals hatten sie einen Riesenspaß, sich vom Wohnzimmer über die Terrasse in den Teich zu stürzen", berichtet ihre Mutter. Mit zunehmendem Alter hätten sie jedoch ein Schwimmbecken größeren Ausmaßes bevorzugt, in dem man schwimmend statt plantschend lange Bahnen ziehen kann. „Für uns ist das kein Problem – so gehört der Teich eben uns Erwachsenen! Besonders im Frühjahr genießen wir es, die Kaulquappen, Wasserläufer und Molche zu beobachten, die sich bei uns angesiedelt haben." Der künstliche Bachlauf ist dabei eine besondere Bereicherung: „Er zaubert eine Bergbachstimmung und hilft auch toll gegen Geräusche aus der Nachbarschaft!" meint die Besitzerin.

Daten und Fakten

▶ **Baujahr**
1997

▶ **Wasserfläche**
Schwimmbereich: 21 m²
Regenerationsbereich: 21 m²
Gesamt: 42 m²

▶ **Wassertiefe**
2,0 m

▶ **Technische Ausstattung**
Wasserkreislauf: ja
1 Skimmer

▶ **Gestaltungselemente**
Künstlich angelegter Bachlauf

▶ **Planung und Ausführung**
Biotop Landschaftsgestaltung GmbH
A-3411 Weidling

Wohnen am Wasser

Ein herrliches Gelände mit idealen Voraussetzungen zur Anlage eines Schwimmteiches: Das 12.000 Quadratmeter große Grundstück in Alleinlage im ländlichen Raum Westfalens liegt drei Kilometer vom nächsten Dorf entfernt. Landidylle und himmlische Ruhe sind also garantiert. Obwohl auf dem weitläufigen Gartengelände schon ein großer Naturteich vorhanden ist, wünschten sich die Besitzer dennoch einen Schwimmteich. Wegen der schlammigen Ufer, des stets trüben Wassers und des recht vielfältigen Tierlebens im Wasser mochte nämlich seit Jahren niemand mehr in dem fast 1200 Quadratmeter großen, natürlich entstandenen See schwimmen. Außerdem liegt der Naturteich weit entfernt vom Wohnhaus im hinteren Teil des Grundstücks. Daher entschlossen sich die Besitzer, den neu geplanten Schwimmteich ganz nah am Haus anzulegen, um ihren Alltag durch die Nähe zum Wasser aufzuwerten. Ein auf Schwimmteichbau spezialisiertes Gartenbauunternehmen aus der Region übernahm die Planung und führte auch die Bauarbeiten durch.

Mediterrane Atmosphäre vor der eigenen Haustüre muss kein Traum bleiben.

Freundliche Badelandschaft

Heute gelangt man aus dem stark frequentierten Wintergarten über ein breites Holzdeck direkt ans Ufer des großzügig angelegten Schwimmteichs. Der Traum vom Wohnen am Wasser ist also wahr geworden. Vom Wintergarten aus schweift der Blick über das Holzdeck und über die sich daran anschließende Vegetationszone, die für eine natürliche Klärung des Teichwassers sorgt. Sie wird von einer geschwungenen Mauer vom Badebereich abgetrennt. Die lang gestreckte Schwimmzone des Teiches buchtet sich auf einer der Schmalseiten zu einem fast runden Becken aus, was den Schwimmern das Wenden erleichtert. Die hellgrüne Teichfolie und das klare Wasser erwecken den Eindruck freundlicher Frische und verlocken besonders an heißen Sommertagen dazu, sich in dem kühl schimmernden Nass zu vergnügen – welch ein Kontrast

Daten und Fakten

- **Baujahr**
  2005

- **Wasserfläche**
  Schwimmbereich: 70 m^2
  Regenerationsbereich: 70 m^2
  Gesamt: 140 m^2

- **Wassertiefe**
  2,0 m

- **Technische Ausstattung**
  Wasserkreislauf: ja
  1 Pumpe
  1 Skimmer
  Carbonator mit Injektordüse
  Pflanzenfilter: ja

- **Planung und Ausführung**
  Fa. Daldrup,
  Havixbeck-Hohenholte

zu dem trüben, dunklen Wasser des alten Naturteiches!

Geschwungene Linien

Prachtvoll entwickelte, exotische Kübelpflanzen und kleine, immergrüne Formschnittgehölze in Pyramidenform säumen die Ufer der Teichlandschaft und die angrenzenden Wege. An dem Haus gegenüber liegenden Ufer wurde ein zusätzlicher, mit einem Holzdeck befestigter Sitzplatz angelegt, wo auch Liegestühle zum Sonnenbaden bereitstehen. Schöne Solitärgehölze und Strauchgruppen bilden eine grüne Kulisse für das Badeparadies, das von Rasenflächen und schmalen, mit Stauden und filigranem Bambus bepflanzten Beeten eingerahmt wird. Einzelne große Felsbrocken setzen Akzente zwischen Kies- und Geröllflächen, welche die Beckenränder kaschieren. Die geschwungenen Linien der Teichlandschaft werden in der großzügigen umgebenden Parkanlage wieder aufgenommen und auch die Wegeführung und die Geländemodellierung passen sich der geschwungenen Linienführung harmonisch an.

Ein großzügiger Schwimmbereich zeichnet diese Anlage aus, die sich harmonisch ins Gartenbild fügt.

Wasserlandschaft statt Ziergarten

Vom Wohnen direkt am Wasser hatte der Besitzer dieses Schwimmteiches schon immer geträumt. Das Grundstück liegt jedoch mitten in einem Wohnviertel in der Münchner Peripherie, weit weg vom Ufer eines Sees. Mit der völligen Neuanlage des Gartens bot sich dann schließlich doch die Möglichkeit, den lang gehegten Wunsch zu erfüllen. Durch einen Artikel über besonders gelungene Gartengestaltungen, in dem auch ein Projekt mit Schwimmteich vorgestellt wurde, war der Bauherr auf die Idee eines solchen Wassergartens gebracht worden. Statt einer Rasenfläche, Blumenbeeten und Straucharbatten entstand in Zusammenarbeit mit einer auf Schwimmteichbau spezialisierten Fachfirma ein reiner Wassergarten ohne Rasenflächen, in dem der Schwimmteich die zentrale Rolle spielt. Die zwei Meter tiefe Schwimmzone wird durch eine bis knapp unter die Wasseroberfläche reichende Mauer vom Regenerationsbereich abgegrenzt. Optisch trennt ein langer Steg aus Lärchenholz die Schwimmzone von der bepflanzten Klärzone und den angrenzenden Kiesflächen ab. Am Ende des lang gestreckten Grundstücks bietet ein großzügig bemessenes Holzdeck genug Platz für einen gemütlichen Sitzplatz direkt am Wasser. Ein in Abstimmung mit den Nachbarn gepflanzter, lockerer Gehölzsaum schließt das Grundstück ab und bietet ausreichend Sichtschutz, ohne dunkel oder bedrückend zu wirken.

Bambus und Kies

Im Regenerationsbereich wachsen typische Repositionspflanzen und auf den angrenzenden Kiesflächen niedrige, trittfeste Stauden, die im Sommer mit ihren Blüten farbige Akzente setzen. Vor allem aber sorgen über das gesamte Grundstück verteilte Bambushorste mit ihrer attraktiven Belaubung für eine ganzjährig grüne Kulisse. Die ist auch nötig, denn der Hausherr schwärmt: „Wir frühstücken drei Viertel des Jahres draußen, direkt am Wasser!" Durch die lockere, mit Kiesflächen kombinierte Bepflanzung, die völlig auf eine konventionelle Gliederung mit Beeten, Rabatten und Rasenflächen verzichtet, entstand eine harmonische, heitere Gartenlandschaft, die nicht nur wunderschön aussieht, sondern auch eine Menge Gartenarbeit spart.

Saugen statt Mähen

Statt regelmäßigen Rasenmähens, ständigen Unkrautzupfens und Rosenschneidens konzentriert sich die Pflege auf den Schwimmbereich des Teichs. Etwa vier Mal im Jahr wird der Teichboden mit einem Spezialsauger von Schlamm und Ablagerungen befreit. Gleichzeitig werden die Wände abgebürstet, damit sich kein Algenbelag festsetzt. Diese Putzaktion dauert jeweils etwa drei Stunden – „deutlich weniger als alle zwei Wochen den Rasen

Von der hölzernen Plattform im hinteren Gartenteil erlaubt eine breite Holztreppe den bequemen Einstieg in den Schwimmteich.

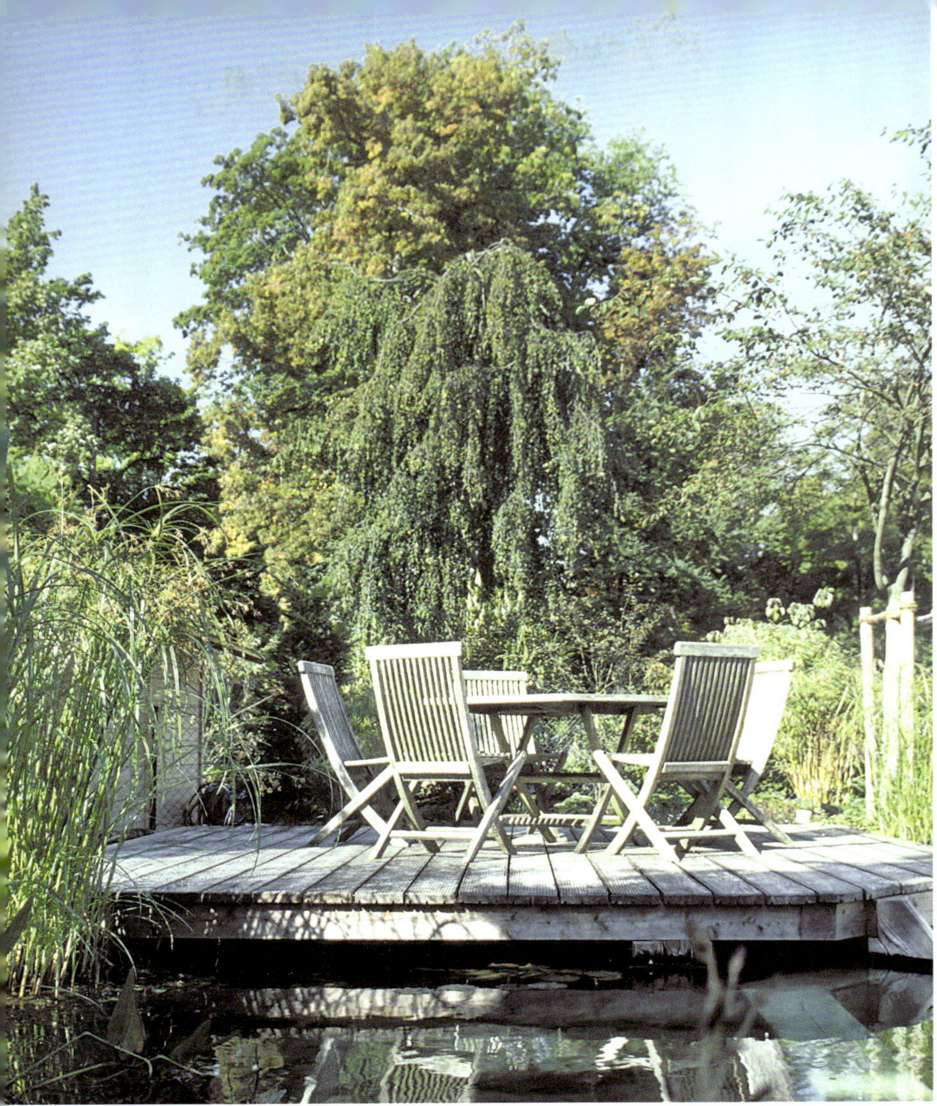
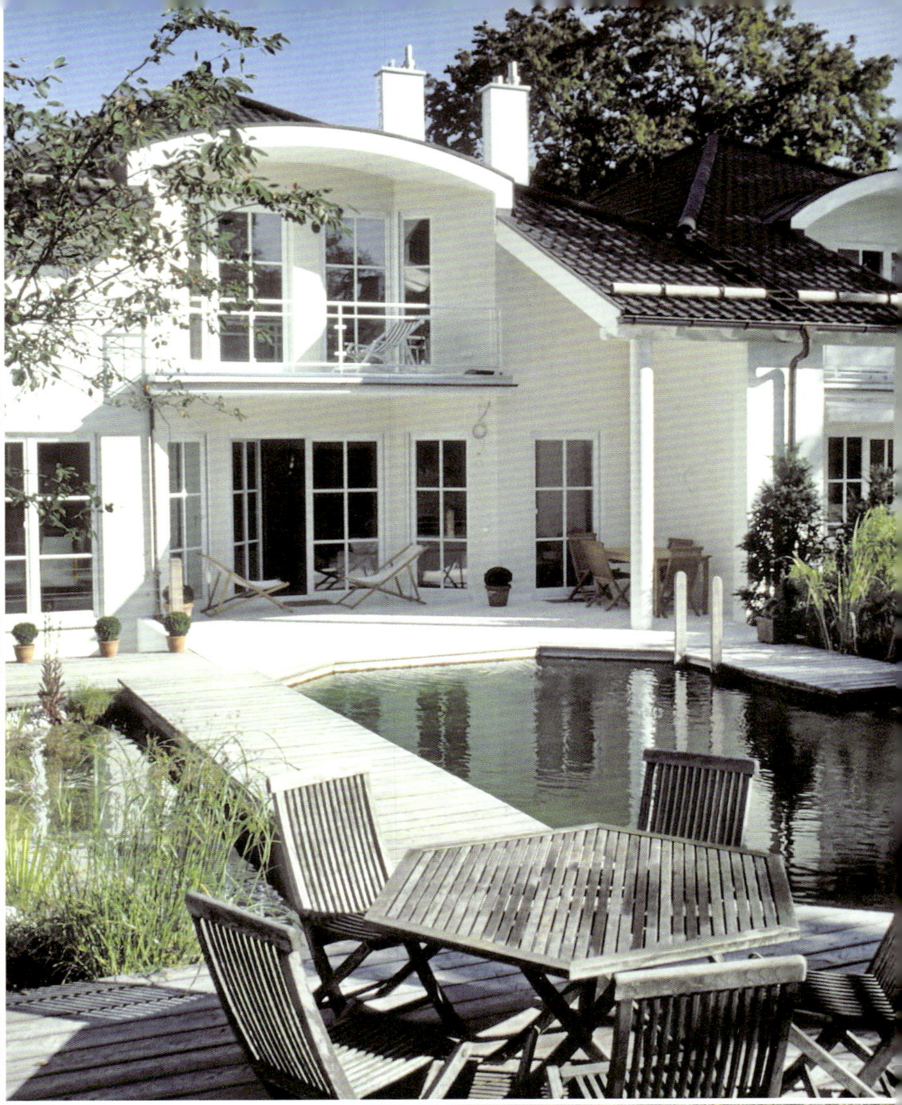
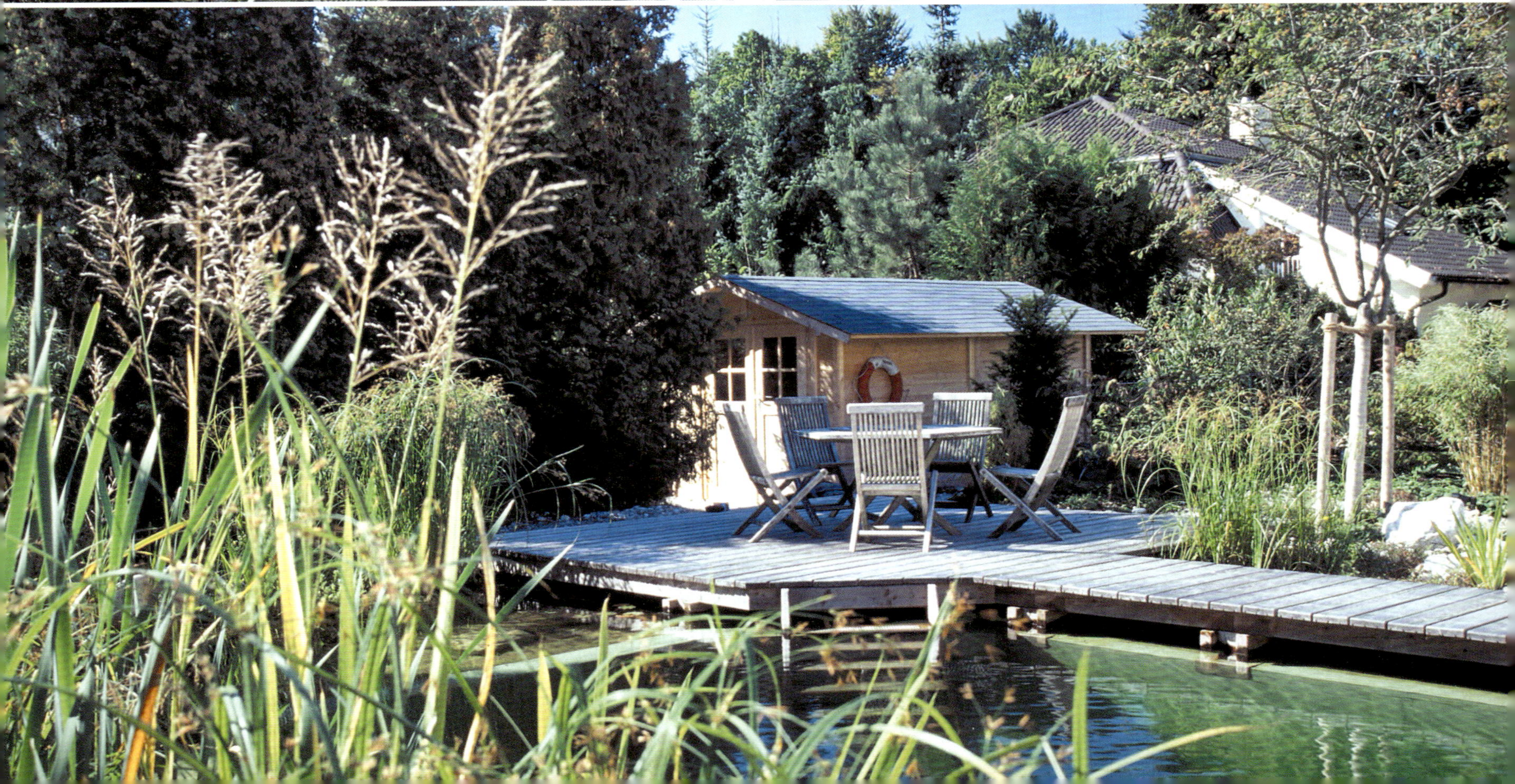

Links *Bei diesem Objekt nehmen der Schwimmteich und die Regrationszonen fast die gesamte Grundstücksfläche ein. Entstanden ist eine attraktive Teichlandschaft mit verschieden gestalteten Sitzplätzen, die jeweils eine andere Perspektive auf das Wasser bieten.*

zu mähen", wie der Hausherr versichert. Der Lohn dieser Arbeit ist ganzjährig kristallklares Wasser, das ganz ohne Chemie fast völlig frei von Algen ist. Die Pflege des Regenerationsbereichs hält sich ebenfalls in Grenzen: Im Frühjahr werden die trockenen Halme von Rohrkolben und anderen Wasserpflanzen zurück geschnitten. Da der Teich noch relativ jung ist, fallen kaum weitere Arbeiten an. Wenn die Pflanzen später gut eingewachsen sind, kommt die Gartenschere aber wahrscheinlich etwas öfter zum Einsatz.

Professionelle Planung zahlt sich aus

Für die Besitzer ist der Schwimmteich inzwischen zu einem festen Bestandteil ihres Lebens geworden. Er sorgt praktisch das ganze Jahr über für Urlaubsstimmung und ist „die beste Investition, was unser Haus angeht", wie der Hausherr es begeistert ausdrückt. Dass das Ergebnis des Gartenumbaus derart gut geglückt ist und die biologische Wasserklärung tatsächlich ganz ohne Chemie funktioniert, liegt vor allem an der guten Planung durch ein erfahrenes Team. Aus diesem Grund rät der stolze Schwimmteichbesitzer auch allen zukünftigen Teichbauern, unbedingt mit einer Firma zusammenzuarbeiten, die sich auf den Bau von Schwimmteichen spezialisiert hat und über das entsprechende Know-how verfügt.

Daten und Fakten

▶ **Baujahr**
2002

▶ **Wasserfläche**
Schwimmbereich: 30 m²
Regenerationsbereich: 30 m²
Gesamt: 80 m²

▶ **Wassertiefe**
2,0 m

▶ **Technische Ausstattung**
Wasserkreislauf: ja
Biotop-Carbonator: ja
1 Pumpe
1 Skimmer

▶ **Gestaltungselemente**
Betonmauerbauweise
Stege
Holzdecks
Sitzplatz am Teich

▶ **Planung und Ausführung**
Fuchs baut Gärten GmbH
D-83661 Lenggries

Ein Tauchbecken zwischen exklusiver Pflanzenvielfalt

Dieser kleine Schwimmteich verdankt seine Existenz einer mutigen Entscheidung. Der etwa 500 Quadratmeter große Garten ist nur ein Teil eines insgesamt etwa 2000 Quadratmeter großen Geländes. Lange Zeit hatten die Besitzer den Plan, diesen Teil des Grundstücks zu bebauen. Doch zunächst passierte viele Jahre gar nichts und der Garten lag im Dornröschenschlaf. Schließlich wichen die Baupläne dem Wunsch, den bereits bestehenden Garten zu erweitern und dem Leben im Grünen mehr Raum zu geben. Es folgte eine grundlegende Neugestaltung des in sich geschlossenen Gartenteils, wobei auch ein kleiner Schwimmteich auf der Wunschliste der Besitzer stand.

Daten und Fakten

▶ **Baujahr**
1999

▶ **Wasserfläche**
Schwimmbereich: 9 m²
Regenerationsbereich: 40 m²
Gesamt: 49 m²

▶ **Wassertiefe**
2,0 m

▶ **Technische Ausstattung**
Trennung Schwimmbereich/Aufbereitung mit Edelstahl-Wandmodulen
3 Umwälzpumpen, Skimmer, Quellelement
3 Unterwasserstrahler

▶ **Gestaltungselemente**
Granit-Trittplatten
Steg und Deck aus Lärchenholz
Bachlauf

▶ **Planung und Ausführung**
Garten- und Landschaftsbau Pohl GmbH
D-93497 Willmering

Vom Bach gespeist

Das stark abfallende Gelände teilt sich in zwei Gartenebenen, die durch eine Treppe aus Naturstein und einen künstlich angelegten Bachlauf miteinander verbunden sind. Der Bachlauf wird aus einem kleinen Teich auf der oberen Gartenebene gespeist. Das natürliche Gefälle ausnutzend fließt das Wasser in einem Bachbett aus Granit-Bruchsteinplatten und Flusskieseln bis in den unteren Gartenbereich. Dort mündet der Bachlauf in den kleinen, quadratisch angelegten Schwimmteich. Ein unter Wasser um das Becken herum laufendes Brett aus Lärchenholz grenzt die Vegetationszone vom Schwimmbereich ab und dient als Sitzbank. Der Teich eignet sich aufgrund seiner geringen Größe und Tiefe weniger zum Schwimmen als zum vergnüglichen Baden und Plantschen. Mit einem Deck aus Lärchenholz bildet er nun den Mittelpunkt des Gartens.

Stauden und Gräser

Der Garten wird durch Trittsteine aus grauem und cremefarbenem Granit erschlossen, die sich zwanglos zu Wegen aneinander reihen. Eine kleine Rasenfläche und ein Blockhaus zur Aufbewahrung von Gartengeräten und -möbeln komplettieren die Wohlfühloase. Besonderes Augenmerk wurde auf die Bepflanzung des Regenerationsbereiches am Teich als auch des übrigen Gartens gelegt. Ein weißbunter Pagoden-Hartriegel (*Cornus controversa* 'Variegata') beschattet den Sitzplatz am Badeteich. Echte Toskanazypressen (*Cupressus sempervirens*) verleihen dem Garten mediterranes Flair. Ausgefallene Stauden und Gräser setzen Garten gelungene Akzente: Chinaschilf (*Miscanthus sinensis* 'Malepartus') und Wiesenschwertlilie (*Iris sibirica* 'Silver Edge') passen genauso gut zum Wassergarten wie die Zwerg-Taglilienhybride (*Hemerocallis* 'Stella d'Oro') und Japansegge (*Carex morrowii*).

Rechts *Ein kleiner Schwimmteich zum Erfrischen in einer sorgfältig geplanten Gartenlandschaft.*

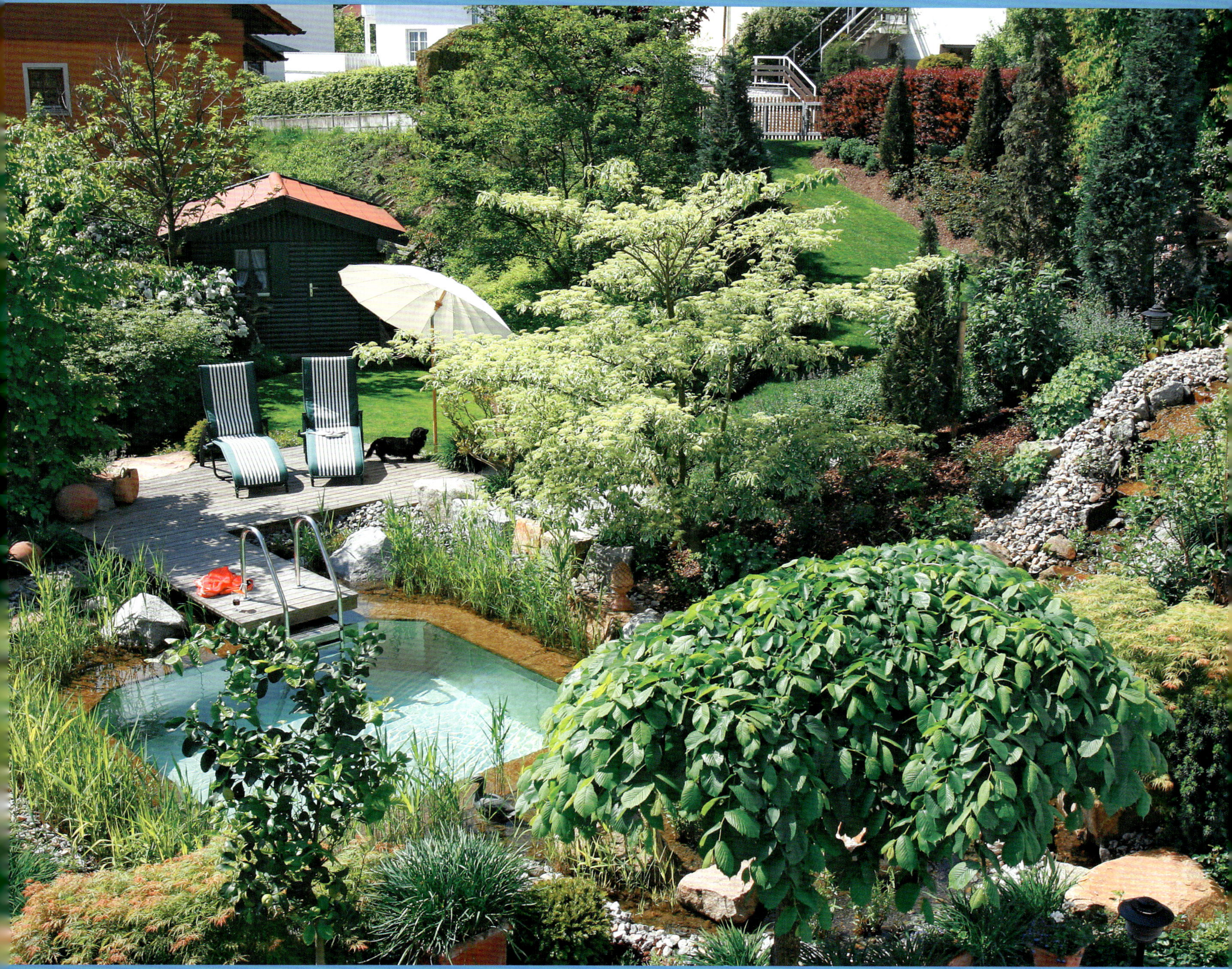

Schwimmteich pur für Stadtmenschen

Schon seit etwa zwanzig Jahren erfreut dieser Schwimmteich die Besitzer. Damals war das Konzept des sich selbst auf biologische Weise reinigenden Schwimmteiches noch relativ neu und die zum Bau eines Badegewässers entschlossenen Besitzer stießen eher durch Zufall auf eine Firma, die sich auf den Schwimmteichbau spezialisiert hatte. Einer der Gründe für die biologische Alternative zum konventionellen Swimmingpool war der Verzicht auf technische und damit reparaturanfällige Einrichtungen wie Pumpen, Absaug- und Umwälzanlagen (der Teich arbeitet nach wie vor völlig ohne unterstützende Teichtechnik). Auch die Tatsache, dass auf das „Giftmischen" mit Chlortabletten und anderen Poolchemikalien verzichtet werden konnte, erleichterte die Entscheidung für den Schwimmteich, der damals in der Anschaffung außerdem eher günstiger als ein Swimmingpool war. Vor allem aber spielte der ästhetische Faktor eine Rolle: Der Teich gliedert sich besser als ein konventioneller Pool in den Garten ein und ist ganzjährig schön. Speziell im Winter bleibt er attraktiv und ist nicht nur „ein verfliestes, nutzloses Loch", wie es die Besitzerin ausdrückt.

Samtweiches Wasser

Der Teich hat in all den Jahren die Erwartungen der Besitzer erfüllt, ohne dass es zu größeren Problemen kam. Die anfangs befürchtete Stechmückenplage blieb aus und auch mit Algen gibt es keine nennenswerten Schwierigkeiten. Im Frühjahr, wenn die Pflanzen im Regenerationsbereich noch nicht groß genug sind, um mit ihrer Aktivität den Nährstoffhaushalt im Gleichgewicht zu halten, bilden sich manchmal vermehrt Algen. Sie lassen sich aber leicht abschöpfen und spätestens im Frühsommer ist das Wasser dann wieder von Natur aus klar. Obwohl einige Besucher das Bad im naturnahen Schwimmteich mit den Worten ablehnen: „Ich bevorzuge das blaue Wasser eines gechlorten Pools" nutzen die Besitzer den Schwimmteich mit Begeisterung. „Das Wasser fühlt sich an wie Samt auf der Haut", schwärmt die Dame des Hauses. Auch die inzwischen erwachsenen und mittlerweile ausgeflogenen Kinder kommen an heißen Sommertagen gern für ein erfrischendes Bad im elterlichen Schwimmteich vorbei.

Problemlos dank guter Pflege

Dass der Schwimmteich bis heute so problemlos funktioniert hat, führen die Besitzer auf die regelmäßige Pflege zurück. Während der Saison werden in den Teich gefallene Blätter und andere Grobpartikel sorgfältig herausgefischt und im Herbst erfolgt ein Rückschnitt der Pflanzen im Regenerationsbereich. Die Besitzerin betont, dass sie das eher als Gartenpflege versteht und weniger als spezielle Poolpflege, denn andere Beete erfordern ja auch ein gewisses Maß an gärtnerischer Aufmerksamkeit. Für die „Grundreinigung" des Schwimmbereiches

Zum Haus hin fängt eine Trockenmauer die Böschung auf. Gleichzeitig ergibt sich dadurch ein geschützter Sitzplatz am Teich, der abends die letzten Sonnenstrahlen einfängt.

Dieser Schwimmteich wurde in eine leichte Hanglage eingepasst. Umgebende Weiden und die Nähe zum Wald bilden einen stimmigen Hintergrund.

wird einmal jährlich eine Firma damit beauftragt, den Schlamm abzusaugen sowie die Wände und den Boden zu säubern.

Tierische Gäste am Teich

Die Besitzer, die sich keineswegs als „grüne", besonders naturverbundene Menschen, sondern eher als normale Stadtbewohner mit sehr eingeschränktem Umweltbewusstsein sehen, schwärmen von ihrem Schwimmteich, weil es dort so viel zu sehen und zu erleben gibt. Die idyllische Lage direkt neben Wäldern und Wiesen lassen auch Rehe bis zum Teich kommen. Das Beobachten der Natur am und im Wasser macht der ganzen Familie große Freude. Besonders die Entwicklung des Frosch- und Krötenlaiches im Frühjahr von der Befruchtung bis zum Ausschlüpfen der Kaulquappen und deren „Froschwerdung" verfolgen sie immer wieder mit großem Interesse. Weil es sich bei dem Schwimmteich quasi um ein natürliches Gewässer handelt, gibt es außer Fröschen, Libellen, badenden Vögeln und allerlei hübschen Wasserschnecken auch Gäste, die weniger willkommen sind. „Nicht jeder Schwimmer ist begeistert, wenn er beim Baden Insektenlarven, Rückenschwimmern und Wasserkäfern begegnet", gibt die Besitzerin all jenen zu bedenken, die sich mit dem Gedanken tragen, selbst einen Schwimmteich anzulegen. Sie ist jedoch trotz der ambivalenten Vielfalt ein großer Fan der Schwimmteichidee und kann an ihrem Teich sogar jedes Frühjahr ein Wildentenpaar begrüßen, das dort regelmäßig versucht, ein Nest zu bauen. Weil die gefiederten Gäste bei der Aufzucht ihrer Brut jedoch zu viel Schmutz machen, Schlamm aufwühlen und die gesamte Umgebung verwüsten, müssen sie leider immer wieder verjagt werden. „Na, die wissen eben auch, wo ein schönes Plätzchen zum Leben wäre", meint die Besitzerin.

Blick auf die Klärzone. Unter anderem haben Rohrkolben, verschiedene Sorten Sumpfiris sowie See- und Teichrosen den Regenerationsbereich erobert.

Daten und Fakten

▶ **Baujahr**
1989

▶ **Wasserfläche**
Schwimmbereich: 32 m^2
Regenerationsbereich: 32 m^2
Gesamt: 64 m^2

▶ **Wassertiefe**
2,0 m

▶ **Abgrenzung Bade- und Regenerationsbereich:**
Betonwand

▶ **Technische Ausstattung**
Keine

▶ **Gestaltungselemente**
Holzsteg
Trockenmauer
Künstlich angelegter Bachlauf

▶ **Planung und Ausführung**
Biotop Landschaftsgestaltung GmbH
A-3411 Weidling

Stege und Holzdecks laden nach dem Schwimmen zum Sonnenbaden ein. Die attraktive Bepflanzung der Teichufer lässt dies zu einem paradiesischen Vergnügen werden.

Badespaß für die ganze Familie

Als die Besitzer vor einigen Jahren überlegten, einen Swimmingpool im Garten anzulegen, stießen sie zufällig auf die Informationen über Schwimmteiche mit biologischer Wasserklärung. Sofort waren sie von der viel schöneren Optik einer solchen Anlage fasziniert: Ein Badegewässer mit bepflanzten Ufern, das sich harmonisch in den Garten einfügt und nicht wie ein Fremdkörper wirkt, das war die Alternative zum konventionellen Pool! Bevor sie sich für eine bestimmte Firma zur Ausführung der Bauarbeiten entschieden, informierten sich die zum Schwimmteichbau entschlossenen Eigentümer bei mehreren spezialisierten Betrieben. Sie wählten schließlich eine Firma aus der näheren Umgebung aus, die bereits jahrelange Erfahrung mit dem Bau und der Betreuung von Schwimmteichen hatte.

Erfahrung zahlt sich aus

Die Suche hat sich gelohnt, denn der fertige Teich hat die Erwartungen der Besitzer nicht nur erfüllt, sondern sogar übertroffen, wie sie glaubhaft versichern. Die ganze Familie und natürlich auch die vielen Freunde der Kinder genießen unbeschwerte Tage am Schwimmteich. Bei schönem Wetter ist dort immer was los: „Wir haben mit ihm unseren Traum vom Leben am Wasser erfüllt!" Der Bauherr rät daher allen zukünftigen Teichbauern: „Unbedingt eine Firma mit viel Erfahrung engagieren, auch wenn es etwas teurer ist!" Das garantiert ein reibungsloses Funktionieren der Anlage vom ersten Tag an und erspart lästiges Flickschustern, wenn sich nach dem Bau Mängel zeigen. Die Pflege des Schwimmteiches übernimmt der Besitzer selbst: „Wie viel Zeit das in Anspruch nimmt, kann ich gar nicht so genau sagen – alle paar Wochen ein halber Tag vielleicht. Aber es macht Spaß – viel mehr, als mit irgendwelchen Chemikalien herumzupantschen."

Hoher Freizeitwert

Der – einschließlich Regenerationszone – auf insgesamt hundert Quadratmetern großzügig angelegte Schwimmteich verfügt über mehrere Holzdecks am Ufer, die ans Wasser und in die Schwimmzone führen, sowie über ein Geröllfeld mit größeren Felsbrocken und rund geschliffenen Kieselsteinen, das locker bepflanzt eine schöne Verbindung mit dem Garten schafft. Der beim Teichbau anfallende Aushub wurde zur Aufschüttung des Geländes verwendet und der Hang mit einer Trockenmauer auf-

Für die Besitzer dieses Schwimmteiches war es besonders wichtig, dass die Kinder der Familie am Teich Naturerfahrungen machen und unbeschwert spielen können.

gefangen, die gut mit der alten Natursteinmauer an der Gartengrenze korrespondiert. Der gepflegte Rasen zwischen Trockenmauer und Teich bietet genug Platz, um Tisch und Stühle für ein Mahl im Freien aufzustellen oder sich auf gemütlichen Liegestühlen zum Sonnenbaden auszustrecken.

Das Geheimnis der Molche

Am Teichufer gibt es zwischen Rohrkolben und Sumpfiris für die Besitzer eine Menge zu entdecken Die ehemaligen Stadtmenschen fanden es faszinierend, in wie kurzer Zeit der Teich zum Lebensraum für unzählige Tiere wurde. Und manches Rätsel ist für den Eigentümer bis heute noch nicht geklärt: „Mit großer Freude entdeckten wir damals unsere ersten Molche – bis heute denke ich darüber nach, wie sie wohl bei uns eingewandert sein könnten.

Daten und Fakten

▶ **Baujahr**
2003

▶ **Wasserfläche**
Schwimmbereich: 44 m^2
Regenerationsbereich: 56 m^2
Gesamt: 100 m^2

▶ **Wassertiefe**
2,0 m

▶ **Technische Ausstattung**
Wasserkreislauf: ja
Biotop-Carbonatoren: ja
1 Skimmer
Pflanzenfilter: ja

▶ **Gestaltungselemente**
Holzdecks am Ufer
Geröllfeld
Trockenmauer

▶ **Planung und Ausführung**
Biotop Landschaftsgestaltung GmbH
A-3411 Weidling

Vom Hinterhofgarten zur Badelandschaft

Der Schwimmteich liegt beim Haus, der Klärbereich „am Berg"

Sogar auf bautechnisch extrem schwierigen Grundstücken in Hanglage, eingezwängt zwischen Gebäude und Böschung lassen sich Schwimmteiche verwirklichen. Der beste Beweis ist dieser von der Zeitschrift „Schöner Wohnen" preisgekrönte Garten in Oberbayern, bei dem ein ungenutzter, verschatteter Hinterhof-Garten durch den Einbau eines Schwimmteiches in eine Badelandschaft mit hohem Freizeitwert verwandelt wurde. Die Ausgangssituation waren der wenig attraktive Hinterhof zwischen Wohnhaus, Garage und der steilen Böschung im hinteren Gartenteil sowie eine Wiese und ein Gemüsegarten auf dem angrenzenden, erhöht gelegenen Gartenteil. Die Besitzerin wünschte sich schon seit längerer Zeit ein Wassermotiv im Garten, am liebsten eine Teichlandschaft, die sich direkt an die Terrasse anschließt. Zunächst wusste sie nicht, wie und vor allem wo sich bei der problematischen Topografie ihres Gartens ein Teich verwirklichen ließe. Auf einer Messe sah sie dann einen Schwimmteich, den ein professioneller Gartenbaubetrieb vorstellte. Das Konzept interessierte sie, sie stellte zahlreiche Fragen, die alle überzeugend beantwortet wurden – „und dann ging alles ziemlich schnell", erzählt die Besitzerin. „Als ich gesehen habe, dass auch die Kombination mit einem natürlichen Schwimmteich möglich ist, war die Entscheidung ganz klar." Die hoch gelegene Wiese und der kleine Gemüsegarten sollten bleiben, aber der gesamte untere Garten sollte zu einer harmonischen und verspielten Badelandschaft umgestaltet werden.

Die Bauphase

Die Bauzeit dauerte insgesamt drei Monate. Die komplizierte Lage des Grundstückes erforderte eine aufwändige Logistik, jeder Steinbrocken musste einzeln in den Garten getragen werden. Mit den Baggern kamen der zukünftigen Schwimmteich-Besitzerin kurzzeitig Zweifel: „Als die Grube für den Teich ausgehoben wurde, bin ich am Abend dort oben gestanden, habe heruntergeschaut und mich gefragt: ‚Was machst du?' Ich dachte, ich habe den größten Fehler meines Lebens gemacht. Aber dann habe ich es nicht bereut, werde ich auch nie mehr. Es war eine gute Entscheidung." Das ursprüngliche Konzept wurde, bis auf kleinere Änderungen, so umgesetzt, wie es von Anfang an geplant war, und der Teich entspricht den Erwartungen voll und ganz.

Separates Klärbecken

Der etwa acht mal fünf Meter große und etwa zwei Meter tiefe Schwimmbereich wird durch eine locker bepflanzte, teilweise gekieste Uferzone und eine 1,70 Meter höher gelegene Klärzone ergänzt. Das Wasser wird vom Teich nach oben gepumpt und in dem bepflanzten Regenerationsbecken biologisch geklärt. Über einen Bachlauf rinnt es durch ein Becken mit Geröll mit Schotter aus der Isar zurück in den Teich. Stege, die an den Teich grenzende Ter-

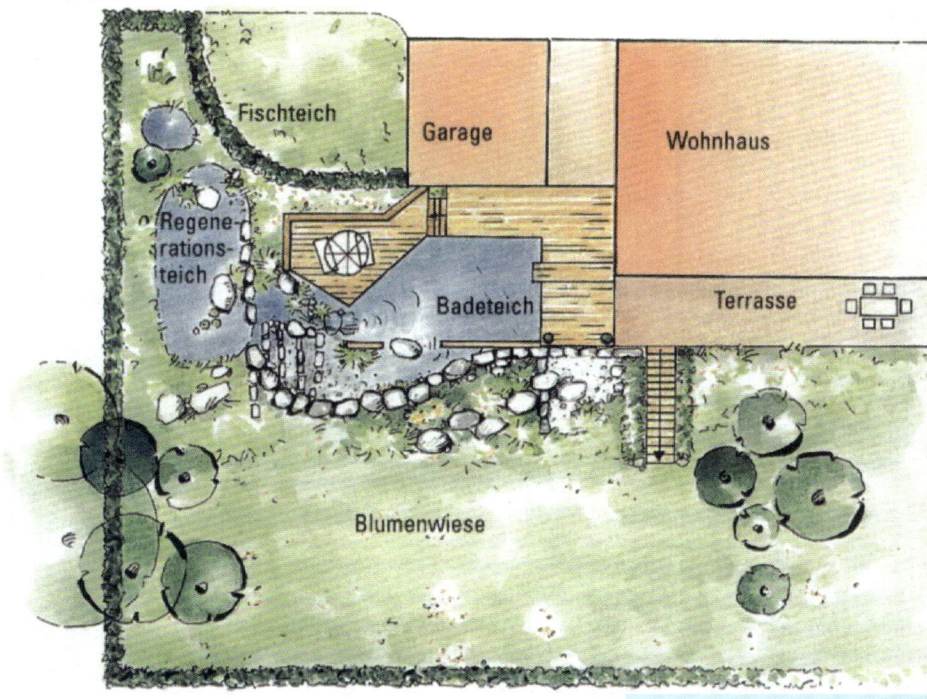

Über einen künstlich angelegten Bachlauf rieselt das geklärte Teichwasser aus der oberhalb gelegenen, separaten Klärzone zurück in den Badeteich. Den letzten Meter legt es über einen vorragenden Stein zurück und begleitet mit leisem Plätschern jedes Rendezvous auf dem erhöht liegenden Sitzplatz.

rasse und ein zweiter, etwas erhöht angelegter Sitzplatz bestehen aus witterungsbeständigem Lärchenholz. Die steile Böschung wird von Kalksteinblöcken aufgefangen. Holzstufen führen zur hoch gelegenen Wiese, die bei der Umgestaltung nicht mit einbezogen wurde.

Der Teich als Wärmflasche

Durch die ausgeklügelte Teichtechnik und gute Wartung kam es bisher nicht zu Problemen. Das Wasser ist glasklar und Stechmücken hielten sich fern. Die Badesaison dauert in der Regel von Mai bis September. Da auch im Sommer die Abende im oberbayerischen Klima recht frisch werden können, freut sich die Besitzerin besonders über die Wärme speichernde Wasserfläche direkt an der Terrasse. So mancher Sommerabend wird dank dieser „Wärmeflasche" draußen verbracht. Und auch im Winter wird der Wassergarten genutzt: „Wenn es einmal so richtig schön ist, sitzen wir auch im Winter oft auf der Terrasse. Und sobald im Frühjahr das Wetter einigermaßen passt, sind wir fast nur noch im Garten. Das ganze Leben spielt sich dann hier auf der Terrasse ab."

Daten und Fakten

▶ **Baujahr**
1998

▶ **Wasserfläche**
Schwimmbereich: 40 m²
Regenerationsbereich: 40 m²
Gesamt: 80 m²

▶ **Wassertiefe**
2,0 m

▶ **Abgrenzung Bade- und Regenerationsbereich:**
Schwimmzone und Klärzone auf zwei Ebenen

▶ **Technische Ausstattung**
1 Pumpe
1 Skimmer
Separates Klärbecken

▶ **Gestaltungselemente**
Stege aus Lärchenholz
Erhöhter Sitzplatz direkt am Wasser
Geröllfeld
Künstlich angelegter Bachlauf
Trockenmauer

▶ **Planung und Ausführung**
Fuchs baut Gärten GmbH
D-83661 Lenggries

Das Grundstück vor der Umgestaltung: Auf zwei Seiten bedrängen steile Böschungen eine kleine, teilweise verschattete Rasenfläche, die zwei anderen Seiten des hofähnlichen Geländes werden von Gebäuden begrenzt.

Nach der Umgestaltung lockt ein ausgefallener Schwimmteich zum erfrischenden Bad und großzügige Sonnenterrassen auf zwei verschiedenen Ebenen laden zum Entspannen ein.

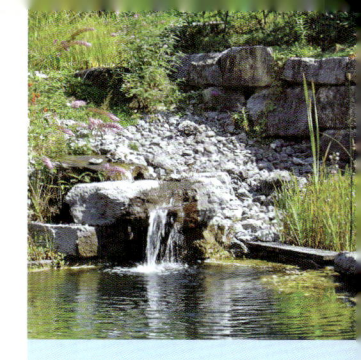

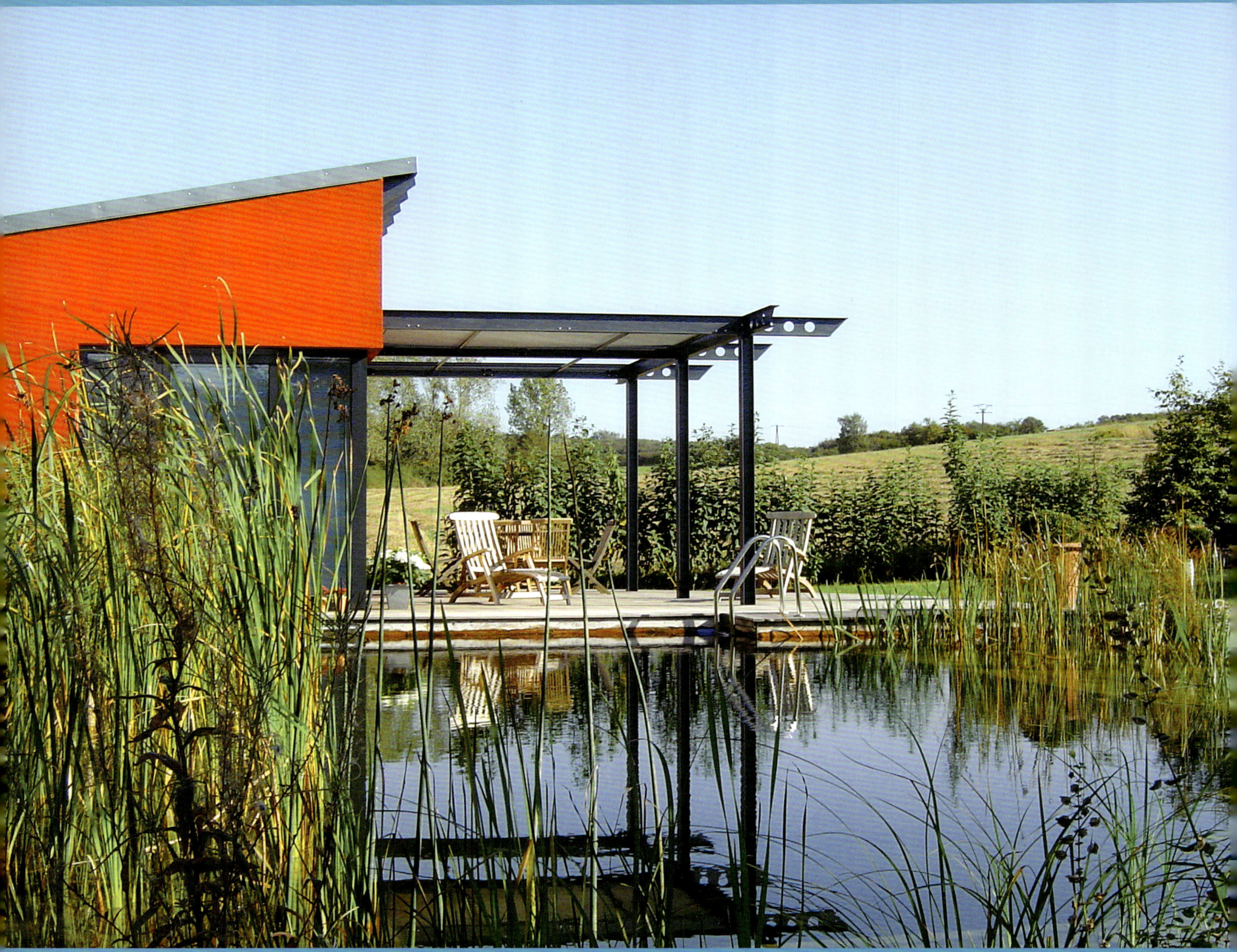

Geborgte Landschaft

Ursprünglich bestand dieser etwa 900 Quadratmeter große Garten nur aus einer weiten Rasenfläche mit einigen Bäumen. Die Besitzer wünschten sich jedoch, dass das Element Wasser einen großen Raum im Garten einnehmen sollte. Ein Schwimmteich, kombiniert mit einem Saunahaus, schien eine viel versprechende Möglichkeit, den Wunsch nach einem Wassergarten zu verwirklichen und gleichzeitig den Nutzwert des Gartens zu erhöhen. Beim Bau des Schwimmteiches wurde der Aushub dazu verwendet, das nicht ganz ebene Gelände zu nivellieren.

Freizeitanlage mit Weitblick

Das avantgardistisch gestaltete Saunahaus und der Schwimmteich schließen nicht unmittelbar an das Wohnhaus an, sondern liegen am Rand des Grundstückes in der Nachbarschaft einer Rasenfläche. Durch seine eigenwillige Struktur und den leuchtend orangeroten Anstrich bildet das Saunahaus einen markanten Blickfang im hinteren Teil des Gartens. Ergänzt wird die Freizeitanlage durch einen separat angelegten Grillplatz in der äußersten Ecke des Geländes. Ein Saum aus pflegeleichten, robusten Gehölzen fasst das Grundstück auf zwei Seiten ein, zusätzlich sorgt eine Hecke aus Hainbuchen für Sichtschutz. Dennoch kann der Blick, bedingt durch die leicht hügelige Topografie der Umgebung, über die ringsum gelegenen Wiesen- und Weideflächen schweifen. Die grüne Kulisse wurde quasi als „geborgte Landschaft" mit in die Planung einbezogen und bildet einen stimmigen Hintergrund für das neu entstandene Freizeitgelände. Das Saunahaus am Kopfende des Schwimmteiches verfügt über eine Terrasse aus witterungsbeständigem Bangkiraiholz. Nach dem Saunagang kann man sich zunächst im Schwimmteich abkühlen und dann im Liegestuhl auf der Holzterrasse entspannen. Neben dem Teich wurde ein Walnussbaum gepflanzt, der als markanter Solitär einen deutlichen Akzent im ansonsten relativ offenen Garten setzt und im Sommer angenehmen Schatten spendet.

Ganzjähriges Freizeitparadies

Der Schwimmteich hat einen fast längsrechteckigen Grundriss, wobei die Ufer der Regenerationszone geschwungen angelegt sind und somit die strenge Geometrie des Saunahauses auflockern. Eine Mauer aus Meskalithsteinen und ein breiter Kiesstreifen grenzen die Uferzone vom Rasen ab. Trittsteine im flachen Wasser der mit Rohrkolben (Typha), Wasserminze (Mentha aquatuica) und gelben Sumpfschwertlilien (Iris pseudacorus) bepflanzten Regenerationszone ermöglichen es, die Schwimmzone auch vom Rasen aus zu erreichen. Durch den Bau des Schwimmteiches und des Saunahauses wurde die einstige Monotonie des Gartens aufgebrochen.

Links *Das Saunahaus am Teich ist der ideale Ort, um sich von der Hektik des Alltags zu erholen.*

> ### Daten und Fakten
>
> ▶ **Baujahr**
> 2002
>
> ▶ **Wasserfläche**
> Schwimmbereich: 48 m²
> Regenerationsbereich: 31 m²
> Pflanzenfilter: 25 m²
> Gesamt: 104 m²
>
> ▶ **Wassertiefe**
> 2,0 m
>
> ▶ **Technische Ausstattung**
> 1 Pumpe
> 1 Skimmer
>
> ▶ **Gestaltungselemente**
> Deck aus Bangkiraiholz
> Saunahaus, Trittsteine im Wasser
>
> ▶ **Planung und Ausführung**
> Bohr und das Grün
> D-66663 Merzig-Schwemlingen

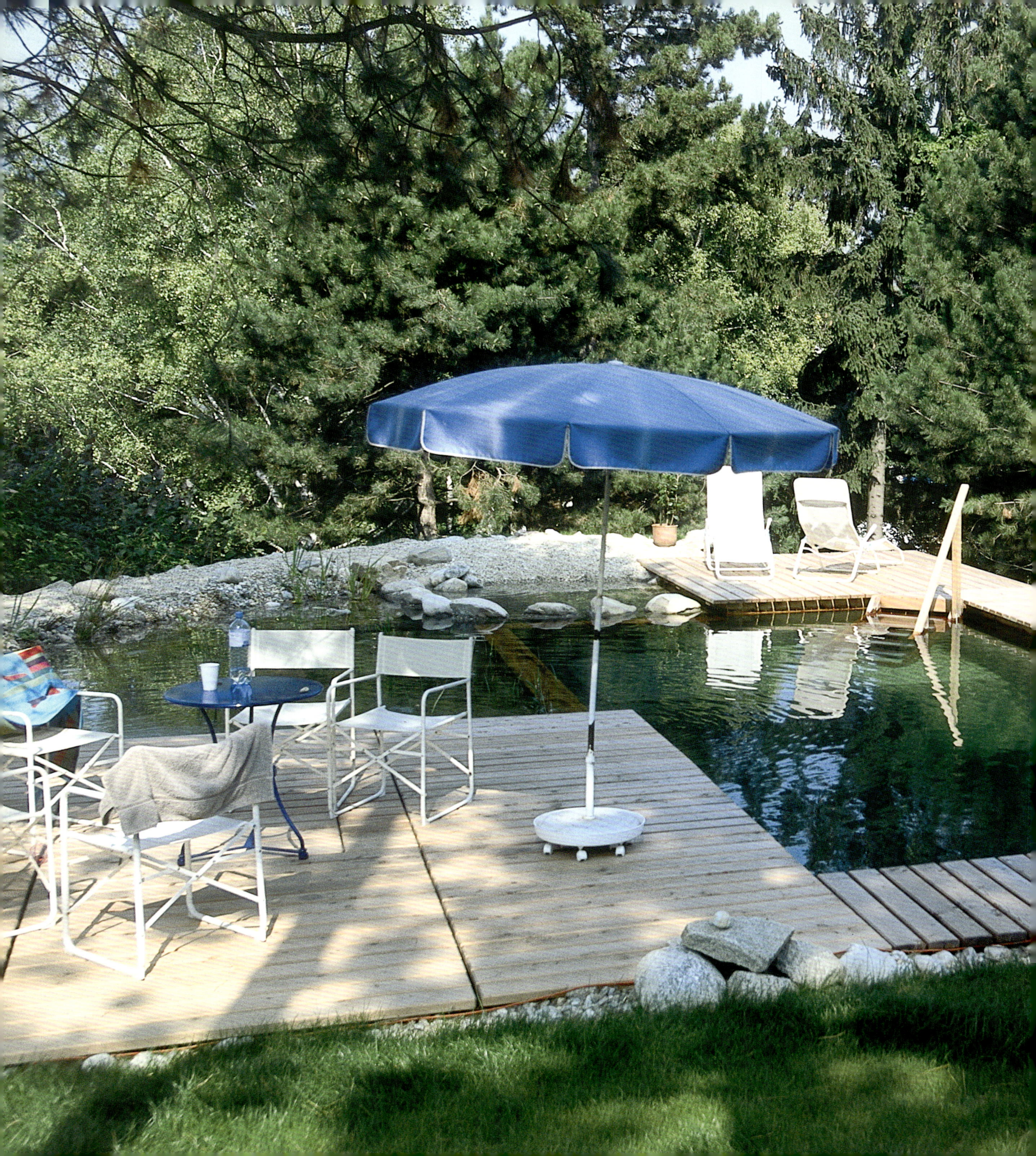

Baden trotz Baustelle

Wie aus einem Designerpool ein Naturbadeteich wurde

Manche Idee reift langsam und reagiert dabei auf die Veränderungen, die sich durch die Umstände ergeben. Der Besitzer dieses Schwimmteiches, ein Werbefachmann aus Wien, fügte dem bestehenden Haus auf der Gartenseite einen transparenten Anbau aus Glas und Holz an. Von hier aus sollte sich eine freie Sicht in den langen, schmalen Garten bieten und über die zwei Terrassen vor dem Haus und am Dach eine Verbindung des Lebens drinnen und draußen ermöglicht werden. Gleichzeitig mit dem Umbau des Hauses und der Ergänzung durch den transparenten Wohnwürfel war auch ein Badegewässer geplant. Ursprünglich sollte ein spektakulärer Swimmingpool, der wie eine Sprungschanze zwölf Meter aus dem nach hinten steil ansteigenden Gartengelände herausragt, die moderne Architektur des Hauses ergänzen. Doch schließlich sollte es anders kommen.

Badefreuden trotz Baustelle

Aus verschiedenen Gründen konnte die Idee des kühnen Swimmingpools nicht verwirklicht werden. Durch die persönliche Bekanntschaft mit einem professionellen Schwimmteichbauer wurde der Werbefachmann auf die Idee gebracht, statt des architektonisch gewagten Poolprojektes einen Naturteich zum Baden anzulegen. Anfängliche Zweifel – „Ich hatte befürchtet, dass ein Schwimmteich bei dieser starken Hanglage nicht funktionieren könnte" – wurden von den erfahrenen Schwimmteichbauern schon in der Planungsphase zerstreut. Im hinteren Teil des Gartens auf einer Anhöhe fand sich ein geeigneter Standort für das Badegewässer. Weil die Zufahrt zum Garten nach dem Umbau des Wohnhauses nicht mehr möglich gewesen wäre, nahm man beide Vorhaben – Haus und Gartenteich – gleichzeitig in Angriff. Der Teich war bereits nach vier Wochen fertig, der Umbau des Hauses zog sich dagegen über eineinhalb Jahre hin. So hatten der Bauherr und seine Familie die Möglichkeit, noch während die Handwerker am Haus beschäftigt waren, bereits die ersten Badefreuden zu genießen. Ausgerüstet mit Handtuch und Sonnenschirm pilgerten sie an der Baustelle vorbei zu ihrem neu angelegten Schwimmteich im hinteren, ruhigen Gartenteil.

Vielfalt ist Trumpf

Der bis zwei Meter tiefe Schwimmteich verfügt über einen Sandstrand, an dem die Enkelkinder gefahrlos die Natur erkunden können. Ein Teil des Schwimmbereichs ist nur 1,40 Meter tief und mit Steinen ausgelegt. Er verführt schon mal dazu, eine Partie Wasserball zu spielen. Die Steine am Grund verhindern ein Ausrutschen auf der glitschigen Folie. Mutige wagen auch einen kühnen Satz vom

Links Reichlich Platz zum Sonnen, Baden und gemütlichem Beisammensein durch clevere Planung.

Stege und Decks aus Lärchenholz fassen diesen Schwimmteich auf drei Seiten ein. Auf der offenen Seite schließt sich eine Klärzone an, deren Übergang zum Festland durch eine Kiesschüttung kaschiert wird.

Sprungstein ins erfrischende Nass. Der Regenerationsbereich wird durch eine bis knapp unter die Wasseroberfläche reichende Mauer abgegrenzt, damit das Substrat in der Pflanzenzone durch die Badenden nicht aufgewirbelt wird. Ein auf drei Seiten umlaufender Steg aus witterungsbeständigem Lärchenholz, der durch ein breites Holzdeck am Ufer ergänzt wird, lädt zu allerlei Freizeitaktivitäten ein und bietet die Möglichkeit, während des Tages „mit der Sonne zu wandern". Gartenleuchten sorgen dafür, dass die Anlage auch abends ihre ganze Pracht entfalten kann. Durch die ganz auf die individuellen Bedürfnisse zugeschnittene Ausstattung ist nicht nur der Schwimmteich, sondern auch das Gelände darum herum von einem abgelegenen Winkel zu einem viel besuchten und benutzten Teil des Gartens geworden.

Ganzjährig attraktiv

Alter Baumbestand und der Ausblick auf die umliegenden grünen Hügel bildet den passenden Rahmen für dieses herrliche Stück gepflegter Natur. Die Bäume stehen weit genug vom Teich entfernt, so dass es mit herbstlichem Falllaub kaum Probleme gibt. Weil der Weg zum Haus recht weit ist, wurde ein Badehäuschen mit kleiner Küche, Kühlschrank und Kaffeemaschine in unmittelbarer Nähe zum Teich errichtet. So kann die Familie lange Sommertage bequem und entspannt in ihrer ganz privaten Freizeitanlage mit Badeteich verbringen, was so manchen Kurzurlaub ersetzt. Seit der Schwimmteich fertig ist, frühstücken der Bauherr und seine Frau so oft wie möglich am Ufer des naturnahen Badegewässers. „Der Schwimmteich ist ein zweites Zentrum in unserem Wohnleben geworden", versichert er. Und das gilt nicht nur für die Sommermonate: Auch im Winter trifft man sich gern am zugefrorenen Teich, dreht ein paar Runden mit den Schlittschuhen und wärmt sich über gerösteten Kastanien die kalten Finger.

Unregelmäßig verlegte Trittsteine führen zum Teich und machen schon den Weg zum Erlebnis.

Rechts *Eine Anlage die beweist, dass auch schwierige Grundstücke Raum zum Schwimmen bieten.*

Daten und Fakten

▶ **Baujahr**
2002

▶ **Wasserfläche**
Schwimmbereich: 24 m^2
Regenerationsbereich: 28 m^2
Gesamt: 52 m^2

▶ **Wassertiefe**
1,40 – 2,0 m

▶ **Abgrenzung Bade- und Regenerationsbereich:**
Winkelelemente

▶ **Technische Ausstattung**
Biotop-Carbonatoren: 1
1 Pumpe
1 Skimmer

▶ **Gestaltungselemente**
Trockenmauer
Sprungstein
Steg

▶ **Planung und Ausführung**
Biotop Landschaftsgestaltung GmbH
A-3411 Weidling

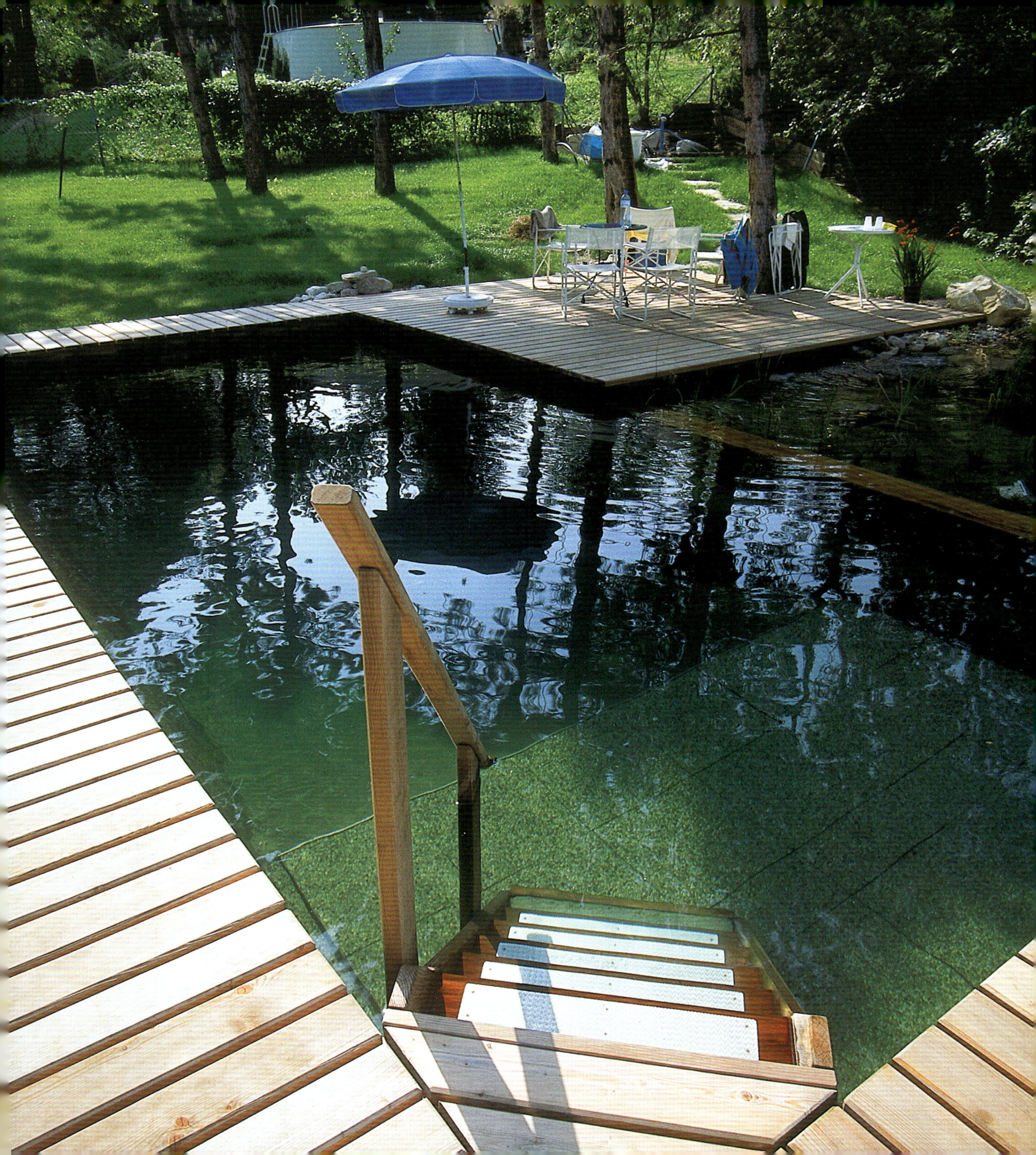

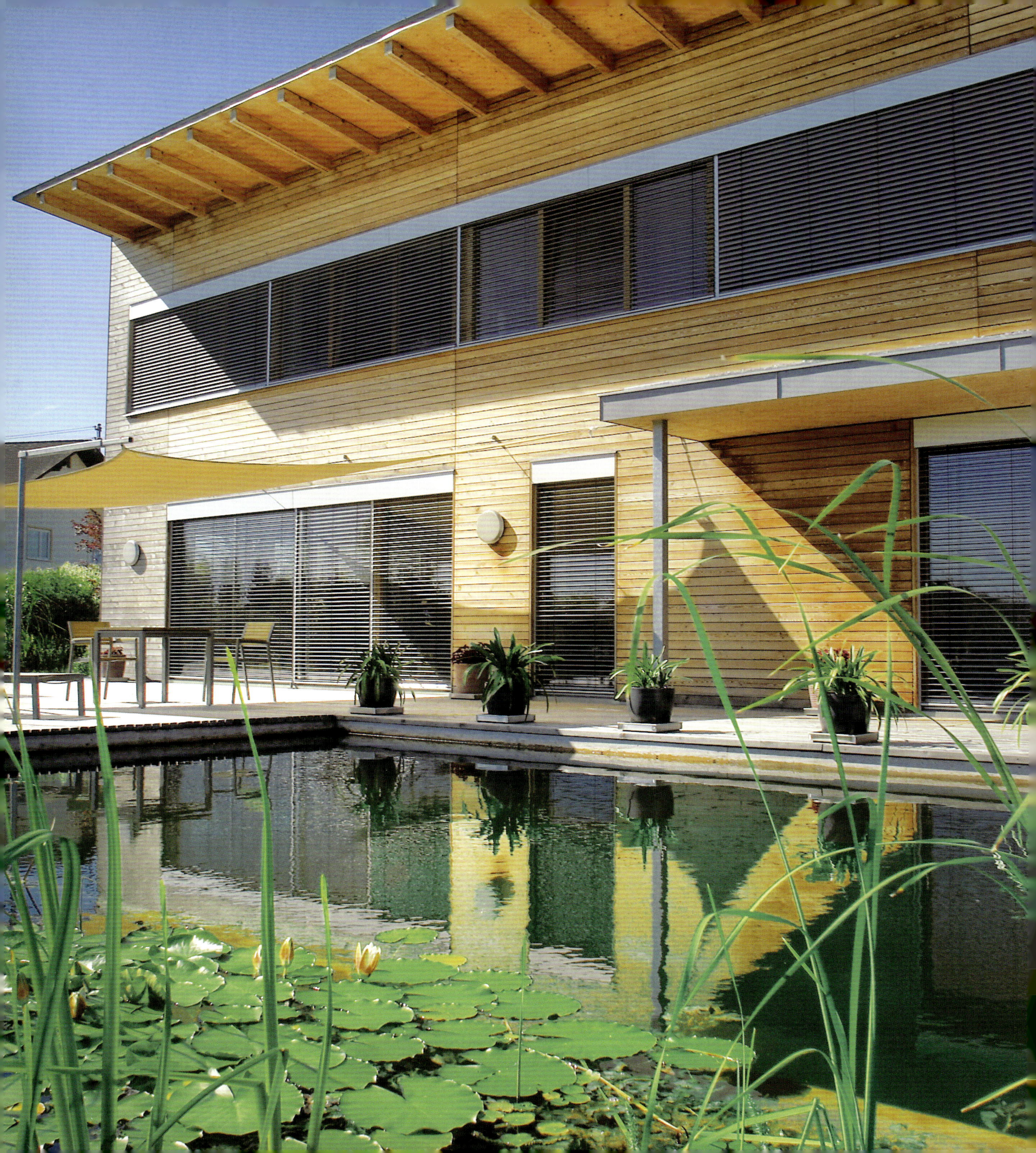

Ökologisches Bewusstsein bei Haus und Teich

Das Passivhaus wird durch einen Schwimmteich ideal ergänzt

Dieser Schwimmteich mit einer Größe von insgesamt 100 Quadratmetern wurde im Jahr 2003 schon vor der Fertigstellung des Wohnhauses angelegt. Da der Teich bereits im April fertig war, konnten die Besitzer ihn noch während der Bauphase voll nutzen. Der Einzug in das modern konzipierte Passivhaus erfolgte im August desselben Jahres. Die sachliche Formensprache der Hausfassade spiegelt sich in dem geometrisch angelegten Teich wider, der direkt an die Terrasse grenzt und von den Bewohnern während der Saison intensiv genutzt wird.

Warum es ein Schwimmteich sein sollte

Die Besitzer hatten beim Neubau des Wohnhauses von Anfang an im Sinn, einen Badeteich anzulegen. Ein konventioneller Pool kam wegen der chemischen Wasseraufbereitung auf keinen Fall infrage. Für einen biologisch geklärten Badeteich entschieden sich die Besitzer, als die Dame des Hauses bei einer Weiterbildung im Bereich Garten- und Landschaftsbau im Jahr 2001 mit der Idee des Schwimmteiches in Berührung kam. Eine auf Schwimmteiche spezialisierte Gartenbaufirma erstellte eine Planung, die auf Anhieb überzeugte. Weil ein von Technik unterstützter Schwimmteich weniger Arbeitsaufwand als ein rein biologisch arbeitendes Biotop bedeutet, entschieden sich die Besitzer für dieses Variante.

Pflegearbeiten

Die Installation von Technik in Form von Pumpen, Skimmern und Carbonatoren bedeutet jedoch auch etwas mehr Arbeit bei der Pflege. Am Ende der Badesaison wird die gesamte Technik eingewintert und bis zum Saisonstart Ende März frostfrei gelagert. Ansonsten fallen bei diesem Schwimmteich die üblichen Pflegearbeiten an, damit die Pflanzen im und am Wasser nicht überhand nehmen. Das Abschneiden welker Pflanzen im Winter nimmt gerade mal eine Stunde Zeit in Anspruch. Aufwändiger ist die Reinigung des Teichbodens und das Absaugen von Schlamm und Ablagerungen im Frühjahr: Je nach Verschmutzung fallen dafür mehrere Stunden an. Während der Saison müssen gelegentlich Fadenalgen mit dem Kescher abgefischt und die Vegetation in manchen Bereichen zurückgeschnitten werden. Die Vorbereitungen auf den Winter einschließlich des erneuten Absaugens des Teichbodens benötigen noch einmal drei bis vier Stunden Arbeit.

Leben im Teich

Weil die Besitzer wissen, dass ein Schwimmteich kein steriler Pool ist, wird der Teichboden während

Links Die klare Formensprache des modernen Wohnhauses spiegelt sich in diesem direkt an die Terrasse angrenzenden Schwimmteich.

Eine mit Gräsern und Findlingen gestaltete Kiesschüttung im Uferbereich sorgt für einen harmonischen Übergang zum Festland.

der Badesaison nicht ständig abgesaugt. Das kommt den im Teich lebenden Tieren zugute: Neben Käfern, Libellenlarven und Molchen tummeln sich zur Laichzeit auch Frösche im Teich. Von der Terrasse und dem in die Wasserfläche hineinragenden Holzdeck aus lassen sich viele der Teichbewohner bequem beobachten. Besonders die Flugkünste der Libellen sind immer wieder faszinierend. Trotz der Nähe des Schwimmteiches zum Haus gibt es keine Probleme mit Mücken, dies verdanken die Besitzer dem tierischen Treiben im Wasser.

Kinder lieben Teiche

Viele Teichbesitzer haben Bedenken, wenn Kleinkinder in die Nähe des Wassers kommen. Auch die

Ein Sonnensegel spendet Schatten für den in den Schwimmteich hineinragenden Sitzplatz.

Eigentümer dieses Schwimmteiches haben ein Kleinkind, das gern im weichen, biologisch geklärten Wasser badet. Die fünf Monate alte Tochter Lara absolvierte im städtischen Hallenbad zunächst einen Babyschwimmkurs, um den Umgang mit Wasser zu lernen und dem kühlen Nass angstfrei zu begegnen. Unterstützt von einem Schwimmbrett dreht die inzwischen Zweijährige jetzt schon munter ihre Runden im hauseigenen Schwimmteich. Um jedes Risiko auszuschließen raten die Eltern aber allen Teichbesitzern, Kleinkinder und solche, die nicht schwimmen können, auf keinen Fall allein am oder im Wasser spielen zu lassen.

Daten und Fakten

▸ **Baujahr**
2003

▸ **Wasserfläche**
Schwimmbereich: 50 m^2
Regenerationsbereich: 50 m^2
Gesamt: 100 m^2

▸ **Wassertiefe**
2,0 m

▸ **Abgrenzung Bade- und Regenerationsbereich:**
Betonwand

▸ **Technische Ausstattung**
Wasserkreislauf: ja
1 Biotop-Carbonator
1 Skimmer

▸ **Gestaltungselemente**
Holzdecks und Sitzplatz am Teich
Geröllfeld

▸ **Planung und Ausführung**
Biotop Landschaftsgestaltung GmbH
A-3411 Weidling

Traumhaus am Traumteich

Der Besitzer dieses Schwimmteiches hatte in seinem Beruf als selbstständiger Baumeister bereits zahlreiche konventionelle Swimmingpools gebaut, bevor er daran dachte, für sich selbst ein Badegewässer zu planen. Mit der Errichtung seines eigenen Hauses war es dann soweit: Ein möglichst großes Schwimmbecken sollte sich direkt an die Terrasse anschließen, um das Wasser so unmittelbar wie möglich erlebbar zu machen. Da der Baumeister schon in den frühen 1990er Jahren auf Wunsch eines Kunden einen bestehenden alten Pool zu einem Schwimmbiotop umgebaut hatte, wusste er, dass sich ein Schwimmteich besser in das Landschaftsbild eines Gartens einfügt als ein konventioneller Pool. Die Entscheidung, den eigenen Teich ebenfalls als Biotop zu planen, war für den naturverbundenen Bauherrn daher fast eine Selbstverständlichkeit: „Jeder Mensch hat ein anderes Bedürfnis, der eine liebt extrem klares Wasser, diesen Hollywood-Charakter, ich habe es lieber natürlich. Daher beschäftigte ich mich mit Biotopen und wusste: Das möchte ich unbedingt machen."

Ein privates Freizeitzentrum

Bei den Bauarbeiten fiel wegen der Größe des Teiches und der geplanten Tiefe von etwa vier Metern reichlich Erdaushub an, der abtransportiert werden musste. Nachbarn und Spaziergänger dachten aufgrund der regen Aktivitäten und der großen Baugrube, dass hier ein Freizeitzentrum entstünde. Als nach der Fertigstellung nur eine einzige Familie die Anlage nutzte, war das Bedauern über den geringen Publikumserfolg des Freizeitparks wohl für manche ein Grund zum Spotten. Die Besitzer genießen die Exklusivität des großzügigen Schwimmteiches dafür umso mehr.

Biotop-Carbonator gegen Algen

Der fertige Teich schmiegt sich nierenförmig an die Terrasse an. Ein künstlicher Bachlauf, ein Quellhügel mit Springbrunnen und ein breiter, den Teich an drei Seiten umgebender Regenerationsbereich binden den Teich in die umgebende Gartenlandschaft ein. Zwei Holzstege und eine Bogenbrücke erlauben die nähere Beobachtung der Pflanzen und Tiere in der Regenerationszone. Mit einer überdurchschnittlichen Tiefe von bis zu vier Metern bleibt das Badewasser in der Schwimmzone auch in heißen Sommern angenehm frisch. Zwei Skimmer sammeln grobe Partikel von der Wasseroberfläche ab und abends kann die Anlage durch mehrere Unterwasserscheinwerfer beleuchtet werden. Bei der Wasserklärung werden die Repositionspflanzen in der Klärzone von einem Biotop-Carbonator unterstützt. Die Installation des Carbonators erfolgte nachträglich, als sich im ersten Sommer herausstellte, dass die rein nach Süden ausgerichtete Lage des Teiches und die von den weißen Hauswänden reflektierten Sonnenstrahlen den pH-Wert des Wassers ansteigen ließen und dadurch das Algenwachs-

Vom Steg auf der linken Terrassenseite ist ein bequemer Einstieg über eine Holztreppe möglich. Am gegenüber liegenden Ufer überspannt eine gewölbte Brücke den Schwimmteich. Sie trennt einen Quellhügel mit Springbrunnen vom eigentlichen Teich ab.

tum übermäßig begünstigten, das Wachstum der Sauerstoff bildenden Unterwasserpflanzen aber hemmten. Nach dem Einbau des Carbonators war das Algenproblem gelöst und es traten keine weiteren Schwierigkeiten auf.

Pflegeaufwand

Die Pflege des außergewöhnlich großen und tiefen Schwimmteiches erfordert etwas mehr Zeit und Geschick als bei üblichen Anlagen. Während der Badesaison werden die Skimmer regelmäßig entleert. Im Winter erfolgt ein Rückschnitt der Pflanzen auf Höhe des Wasserspiegels, was etwa fünf Stunden Zeit in Anspruch nimmt. Im Frühjahr wird ein so genannter „Kleiner Teichservice" fällig, der einen halben Tag dauert und von einer auf Schwimmteichbau spezialisierten, ortsansässigen Firma durchgeführt wird. Wegen der außergewöhnlichen Tiefe von vier Metern ist das Absaugen des Teichbodens etwas umständlicher als normal, aber durchaus zu bewältigen. Anschließend ist das Wasser so klar, dass man bis zum Boden sehen kann. Die Pflanzen schneidet der Besitzer immer dann zurück, wenn es nötig ist. Dazu benutzt er eine einfache Gartenschere und, für die Unterwasserpflanzen, eine spezielle Unterwassersense.

Größtmögliche Tiefe

Der überzeugte Schwimmteichbesitzer rät allen an einem naturnahen Badegewässer Interessierten, den Teich möglichst tief auszuheben. Die Reinigung ist zwar etwas aufwändiger als bei flachen Teichen, aber die gute Wasserqualität belohnt für die zusätzliche Mühe. Generell gibt er zu bedenken, dass man einer bestimmten Pool-Bauweise nicht nur deshalb folgen sollte, weil sie im Trend liegt, was unter Umständen zu großen Enttäuschungen führen kann. Er selbst hat die Entscheidung für einen Schwimmteich nie bereut und genießt es besonders, sich auf einer Luftmatratze im Wasser treiben zu lassen, die Augen zu schließen und dem Plätschern des Springbrunnens zu lauschen. Und obwohl er erwartet hatte, dass durch das Stillgewässer direkt am Haus vermehrt Stechmücken auftreten könnten, hat ihn die Erfahrung eines besseren belehrt. Wahrscheinlich tragen die im Teich lebenden Frösche, Kröten, Libellen und andere Tiere zur natürlichen Schädlingskontrolle bei. Im Frühsommer wird das Froschgequake zwar kurzzeitig so laut, dass man sich auf der Terrasse kaum noch unterhalten kann, aber die naturbegeisterten Besitzer lassen sich dadurch nicht stören, denn spätestens ab August herrscht wieder paradiesische Ruhe am ganz privaten Freizeitpark.

Daten und Fakten

▶ **Baujahr**
1995

▶ **Wasserfläche**
Schwimmbereich: 115 m^2
Regenerationsbereich: 135 m^2
Gesamt: 250 m^2

▶ **Wassertiefe**
4,0 m

▶ **Technische Ausstattung**
Wasserkreisläufe: 2
2 Skimmer
2 Biotop-Carbonatoren
3 Unterwasserscheinwerfer Schwimmbereich
5 Unterwasserscheinwerfer Regenerationsbereich

▶ **Gestaltungselemente**
2 Stege
1 Brücke (Spannweite: 6 m)
Künstlich angelegter Bachlauf
Quellhügel mit Springbrunnen

▶ **Planung und Ausführung**
Biotop Landschaftsgestaltung GmbH
A-3411 Weidling

Rechts *Dieser großzügig angelegte Schwimmteich schmiegt sich in organischer Form um die breite, umlaufende Terrasse auf der Gartenseite des Wohnhauses.*

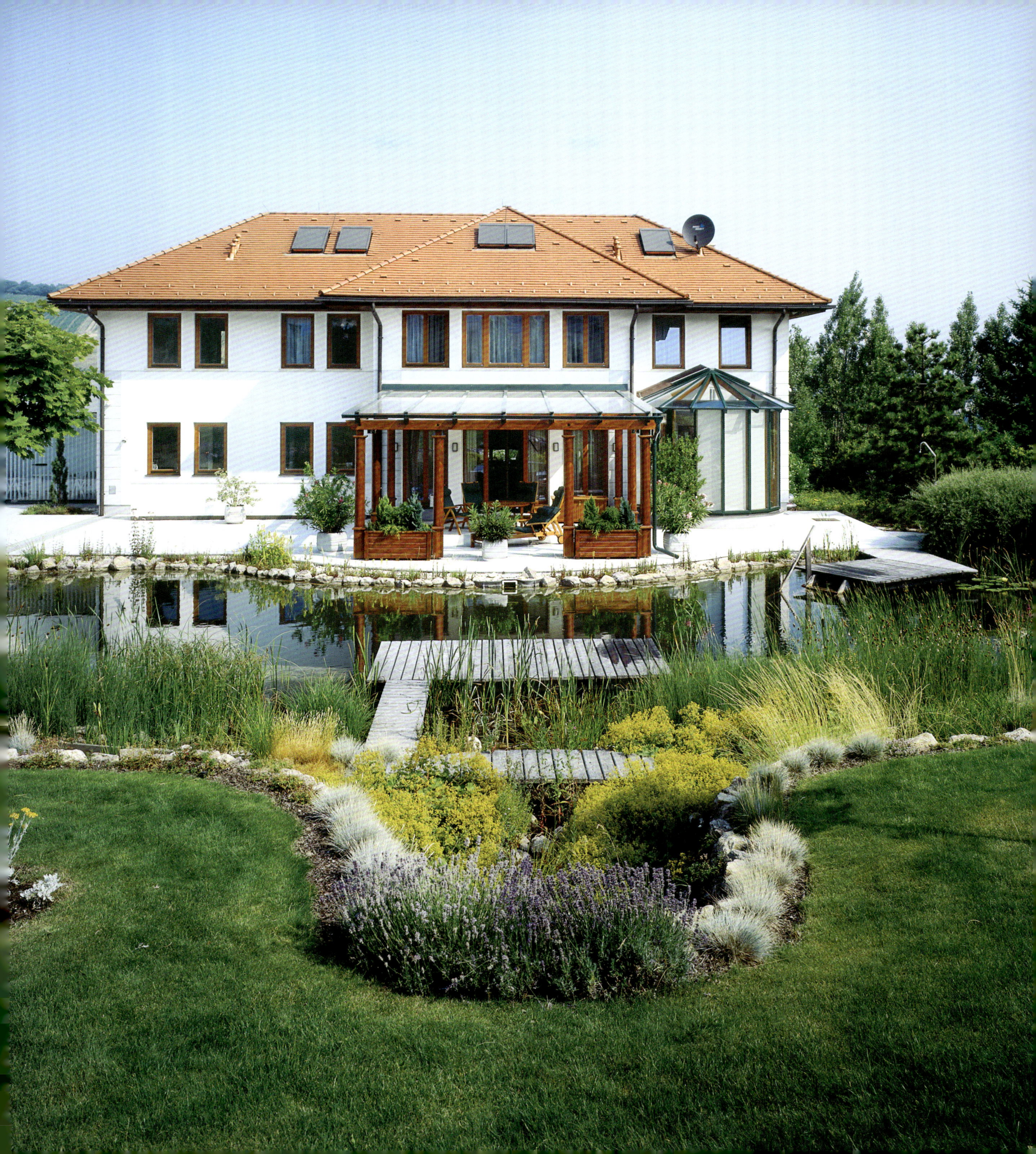

Badelandschaft für die Gäste

Die Besitzer eines Hotels im südtiroler Urlauberparadies Meran planten bei der Renovierung und dem Umbau des Hauses, den vorhandenen Swimmingpool aus den 1960er Jahren attraktiver zu gestalten und besser in den mit viel Liebe und Sachkenntnis angelegten, formalen Garten einzubeziehen. Im Erdgeschoss des Hotels war bereits ein neues Hallenbad eingerichtet worden. Von dort sollten die Gäste über die Liegewiese zum Außenpool gelangen können, der in den warmen Monaten eine zusätzliche Bereicherung darstellen würde. Die seit jeher naturverbundene, gartenbegeisterte Hotelierfamilie hatte aus der Fachpresse erfahren, dass es möglich ist, einen Schwimmteich ohne chemische Wasseraufbereitung anzulegen. Dies passte zum Hotelkonzept, kam den Wünschen der Betreiber nach einem naturnahen Teich entgegen und hätte außerdem den Vorteil, sich durch die Anlage von anderen Betrieben zu unterscheiden.

Behördliche Auflagen für den Umbau

Bei der Planung des Umbaus im Jahr 2004 wurde eine Fachfirma für Schwimmteichbau aus Österreich hinzugezogen, da die vor Ort ansässigen Firmen nicht über ausreichende Erfahrungen im Bau öffentlich genutzter Schwimmteiche verfügten. Neben der steilen Hanglage des Grundstückes erschwerten zusätzlich die von den italienischen Behörden gemachten Auflagen eine Verwirklichung des Projekts. So durfte der Schwimmteich nur eine maximale Tiefe von 1,40 Metern aufweisen, ansonsten hätte man für den Betrieb der Anlage eigens einen Bademeister fest einstellen müssen. Beton als Baustoff schied aus Gründen des Landschaftsschutzes aus. Unter diesen Prämissen entschied man sich für die Winkelement-Bauweise, die von den italienischen Behörden als landschaftskonform anerkannt wurde. Ein großzügig bemessener Regenerationsbereich und ein zusätzlicher Pflanzenfilter sorgen für optimale Wasserqualität. Holzstege am Ufer laden zum Verweilen ein und erlauben eine Erkundung des Vegetationsbereiches. Eine die Gartenbeleuchtung ergänzende, durchdachte Unterwasserbeleuchtung ermöglicht auch am Abend eine Benutzung des Schwimmbeckens.

Anfängliche Bedenken zerstreut

Nach der Neueröffnung des renovierten und umgebauten Hotels im April 2004 gab es zuerst Bedenken, ob die Süd-Westlage des Teiches und die geringe Wassertiefe in dem mediterran geprägten Klima Merans durch zu starke Sonneneinstrahlung und Aufheizung nicht zu Komplikationen bei der Wasserklärung führen könnte. Nach der ersten Badesaison konnte aber Entwarnung gegeben werden. Die Besitzer berichten erfreut, dass es keine Probleme bezüglich der Wasserqualität gab.

Pflege des Badegewässers

Der Pflegeaufwand, bei dem die Besitzer von der Teichbaufirma unterstützt werden, ist für den noch

Natürliches Gewässer oder Schwimmteich: Der Teich fügt sich perfekt in die umgebende Landschaft.

Abendstimmung mit Blick über den Schwimmteich aufs Tal. Eine Unterwasserbeleuchtung erlaubt auch bei hereinbrechender Dunkelheit eine Nutzung der Badelandschaft.

sehr jungen Schwimmteich nach Auskunft der Betreiber gering. Die Skimmer werden einmal täglich gereinigt, der Filter im Maschinenraum wöchentlich. Alle zwei Monate kommt im Badeteich ein Schlammsauger zum Einsatz, damit sich dort keine glitschige Sedimentschicht bildet. Wenn die Pflanzen im Regenerationsbereich eingewachsen sind, wird gelegentlich ein Rückschnitt nötig werden.

Erfüllte Träume

Auch sonst wurden die Erwartungen der Bauherren voll erfüllt: Der neue Schwimmteich passt sich hervorragend in den Garten ein, besser als jedes konventionelle Schwimmbad. „Der Schwimmteich ist unser ganzer Stolz" versichert die Tochter der Besitzer. Die anfängliche Skepsis, das grünlich gefärbte Wasser und die im ersten Moment etwas glitschige Teichfolie könnten von den Gästen als Nachteil empfunden werden, ist einer leidenschaftlichen Begeisterung gewichen. Besonders die weiblichen Hotelgäste sind von der Qualität des Wassers angetan, da dieses die Haut – anders als chemisch aufbereitetes Wasser – überhaupt nicht austrocknet. Wer dennoch auf ein Bad in türkisblauem Wasser schwört, kann als Alternative immer noch das Hallenbad des Hotels besuchen. Blickt man jedoch vom Schwimmteich über den Garten hinab ins Tal und auf das berauschende Alpenpanorama, dürfte die Entscheidung nicht schwerfallen, wo man die schöneren Badefreuden genießen kann.

Der Schwimmteich steht allen Hotelgästen zur Verfügung und erfreut sich größter Beliebtheit

Daten und Fakten

▶ **Baujahr**
2005

▶ **Wasserfläche**
Schwimmbereich: 81 m²
Regenerationsbereich: 92 m²
davon Pflanzenfilter: 46 m²
Gesamt: 173 m²

▶ **Wassertiefe**
1,4 m

▶ **Technische Ausstattung**
Wasserkreislauf: ja
1 Pumpe
2 Skimmer
Unterwasserscheinwerfer

▶ **Gestaltungselemente**
Holzstege und -decks am Ufer
Liegewiese

▶ **Planung und Ausführung**
Biotop Landschaftsgestaltung GmbH
A-3411 Weidling

Badefreuden mit Seeblick

Geschwungene Formen, bewusste Gestaltungsprinzipien und natürliche Materialien charakterisieren dieses Schwimmteich-Projekt, das an einem Hang oberhalb des Zürichsees verwirklicht wurde. Die Besitzerin, Spezialistin auf dem Gebiet Ernährung, Esoterik und Feng-Shui, wohnte mit ihrem Mann das ganze Leben lang am Zürichsee und hatte stets eine enge Beziehung zum Wasser. Als sie vor einigen Jahren das Haus am See ihrem Sohn überließen und in ein 300 Jahre altes, denkmalgeschütztes Holzhaus oberhalb des Zürichsees zogen, fehlte ihnen vom ersten Augenblick die Nähe zum Wasser. Also beschlossen sie, sich das Wasser vor die Tür zu holen.

Ein Biotop im Landschaftsschutzgebiet

„Ein Schwimmbad wäre nicht in Frage gekommen. Erstens, weil wir sehr ökologiebewusst sind und große Rücksicht auf die Umwelt nehmen," erzählt die Besitzerin. „Und zweitens, weil unser Grundstück in einem Landschaftsschutzgebiet liegt, wo keine Neubauten errichtet werden dürfen." Am Landschaftsschutz wäre das Projekt auch fast gescheitert, denn die Schweizer Behörden lehnten zunächst den Bau eines Schwimmteiches ab. „Im zweiten Anlauf haben wir es dann doch noch geschafft, weil es uns gelungen ist, das Biotop (wie unser Schwimmteich jetzt offiziell heißt) liebevoll in die Landschaft einzugliedern." Ein Bachlauf, großzügige Treppen vom Haus zum Teich hinunter und ein Sitzplatz oberhalb des Badeteiches mit einer herrlichen Aussicht auf den Zürichsee beweisen, dass dies gelungen ist.

Eine „Sitztreppe" am Teich

Für den Teichbau musste die stark abfallende Wiese vor dem Haus terrassiert werden. Dadurch entstanden mehrere „Aktivzonen", die – im Gegensatz zu der einstigen steilen Böschung – nun intensiv genutzt werden konnten. Breite Sandsteinstufen, unterbrochen von Rasenflächen, führen zum Teich hinab. Die Besitzerin preist die Vorzüge dieser Anlage: „Für uns ist es eine Sitztreppe. Je nach Lust und Laune sitzen wir am Rand und lesen ein Buch. Oder wir gehen zwei Stufen tiefer und aalen uns im Wasser. Noch ein bisschen tiefer und wir befinden uns wieder in einer anderen ‚Klimazone'. Das Schwimmen ist aufgrund der Treppe für uns fast sekundär geworden."

Pflege „light"

Gartenarbeit ist keine Arbeit, das weiß jeder, der sich mit Leidenschaft dem grünen Hobby verschrieben hat. So geht auch die Besitzerin dieses Schwimmteiches nicht mir der Stoppuhr in den Garten, zumal sie auch noch einen ökologisch bewirtschafteten Gemüsegarten betreut. Wie viel Zeit sie für die Teichpflege aufwendet, kann sie deshalb auch nicht genau sagen. Einmal im Jahr, im Frühling, lässt sie eine Firma kommen, die ihr die gröbsten Reinigungsarbeiten im Teich abnimmt. Sonst

Harmonisch in die Landschaft eingebettet, bildet dieser Teich eine einladende Badeterrasse

lässt sie den Teich die meiste Zeit gewähren. Nur gelegentlich schneidet sie einige Pflanzen zurück. „Die Natursteintreppe ins Wasser reinige ich aber regelmäßig, weil das der Platz ist, wo wir gerne lang verweilen."

Kreativität zahlt sich aus

Bei so viel Begeisterung versteht es sich von selbst, dass die Entscheidung für den Schwimmteich nie bereut wurde. Bauherren mit ähnlich steil abfallenden Grundstücken rät die Besitzerin, trotz des Mehraufwandes nicht vor einer Terrassierung des Hangs zurückzuschrecken. Durch die Terrassen

Die Treppe führt direkt ans Wasser zaubert eine romantische Atmosphäre ...

Rechts *Die Vielgestaltigkeit dieser Anlage macht den Schwimmteich zu einem Erlebnisbereich.*

multipliziert sich die Nutzfläche des Gartens. Als großes Glück sieht sie die vertrauensvolle Zusammenarbeit mit einer kompetenten Fachfirma, die auch bei den Behörden kreatives Verhandlungsgeschick bewies. Und noch einen Tipp hat sie für alle zukünftigen Schwimmteichbauer: Man sollte Toleranz gegenüber der Natur haben. „Als ich in den ersten Monaten große Algenschäden im Teich vorfand, sagte ich mir, der Teich muss sich finden. Man kann und soll nicht alles bestimmen wollen. Der Mensch muss die Größe haben, etwas laufen zu lassen. Wer diese Einstellung hat, wird genauso glücklich sein mit dem Schwimmteich wie ich!"

Daten und Fakten

▶ **Baujahr**
2005

▶ **Wasserfläche**
Schwimmbereich: 58 m^2
Regenerationsbereich: 64 m^2
Pflanzenfilter: 10 m^2
Gesamt: 132 m^2

▶ **Wassertiefe**
2,0 m

▶ **Technische Ausstattung**
Wasserkreislauf: ja
Pumpe
Skimmer
Biotop-Carbonator mit Injektordüse
Pflanzenfilter

▶ **Gestaltungselemente**
Trockenmauer aus Sandsteinquadern
Breite Sitztreppe aus Sandsteinplatten am Wasser

▶ **Planung und Ausführung**
Egli Gartenbau AG
CH-8646 Wagen SG

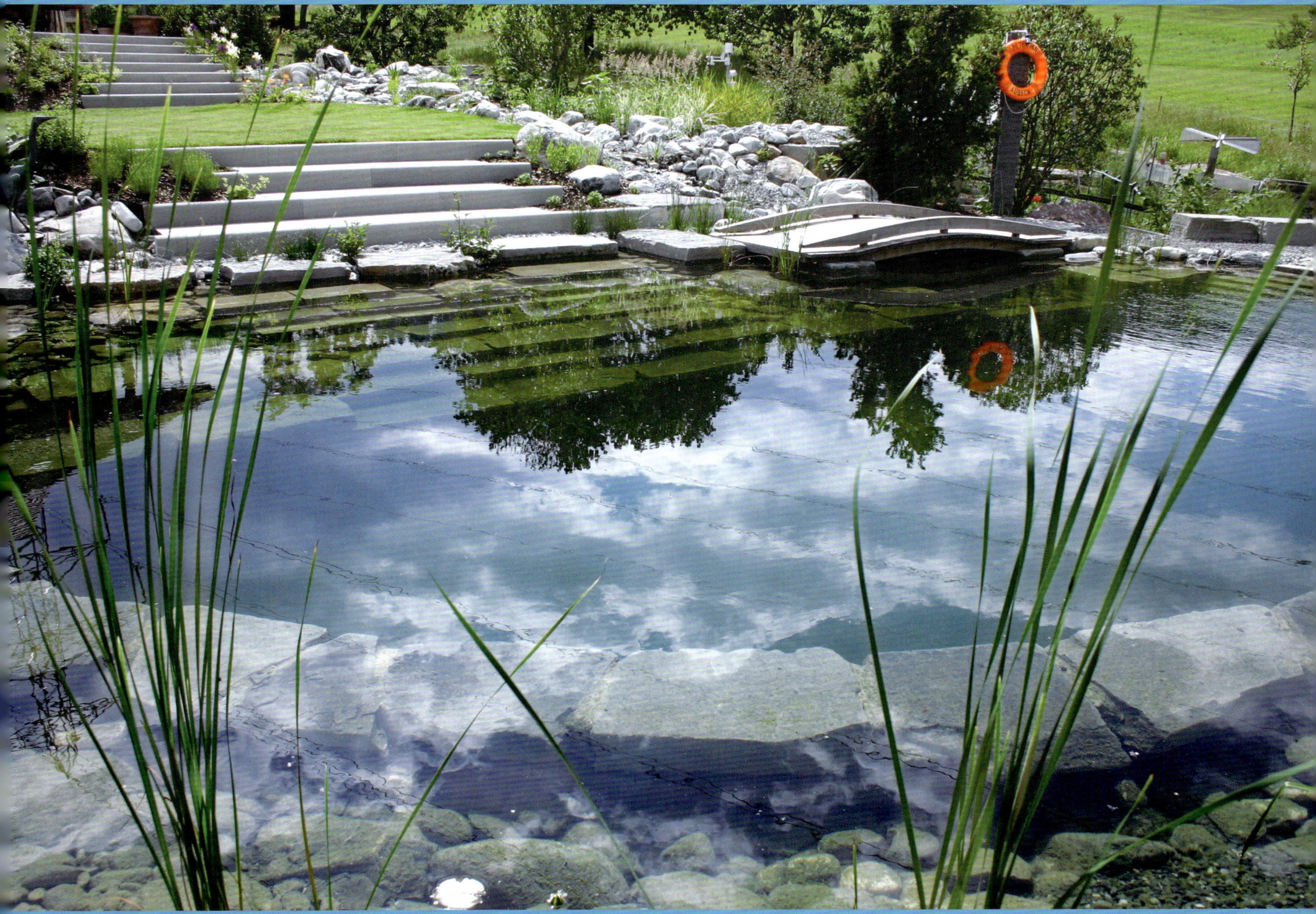

Schwimmteich mit nordischem Charakter

Dieser von einer Fachjury preisgekrönte Schwimmteich fügt sich durch seine geschwungenen Ufer besonders harmonisch in die Umgebung ein. Die runden Formen setzen sich in der Gestaltung des großzügig angelegten Steges fort, an dessen Ende eine Holztreppe zum Einstieg in den Schwimmbereich lockt. Der etwa 120 Quadratmeter große Badeteich ist in Mauerbauweise erstellt und besitzt zwei mit Pflanzen bestückte Klärbereiche. Ein Bachlauf ergießt sich in eine der beiden Regenerationszonen und sorgt mit seinem leisen Plätschern sowohl beim Schwimmen als auch auf der angrenzenden, fantasievoll gepflasterten Terrasse für eine entspannte Atmosphäre. Die Trockenmauer aus naturbelassenen, runden Granitbrocken, die in der Art eines Friesenwalls aufeinander getürmt wurden sowie das begrünte Holzdach des Badehäuschens am Ufer vermitteln einen Hauch von robuster, skandinavischer Ursprünglichkeit. Dennoch ist die Anlage bis ins kleinste Detail durchgeplant und mit Biotop-Carbonator, tierfreundlichem Oberflächenskimmer und einer Pumpe für den Bachlauf technisch auf dem neuesten Stand. Durch die gute Planung und die ausgeklügelte Teichtechnik ist die Sichttiefe in dem 1,90 Meter tiefen Wasser hervorragend.

Das begrünte Badehaus kuschelt sich an den Hang und schafft eine urig-gemütliche Atmosphäre.

Daten und Fakten

▶ **Baujahr**
2003

▶ **Wasserfläche**
Schwimmbereich: 60 m²
Regenerationszone 35 m²
Pflanzenfilter: 25 m²
Gesamt: 120 m²

▶ **Wassertiefe**
1,90 m

▶ **Technische Ausstattung**
Pumpe
Skimmer
Biotop-Carbonator
Pflanzenfilter

▶ **Gestaltungselemente**
Geschwungener Steg und separates Sonnendeck
Trockenmauer aus Granitbrocken
Badehaus mit begrüntem Dach

▶ **Planung und Ausführung**
Bahl Garten-, Landschafts- und Schwimmteichbau
D-25368 Kiebitzreihe

Ein elegant geschwungener Holzsteg verbindet den Aufenthaltsbereich um das Badehaus mit dem hinteren Gartenbereich und einem weiteren Holzdeck.

Schwimmteich statt Urlaub

Eigentlich wollte der Besitzer dieses Schwimmteiches ja seinen Urlaub wie gewohnt ganz entspannt zur Erholung genießen. Doch weil sein Beruf Bauleiter bei einer Gartenbaufirma ist, die auch Schwimmteiche anlegt, ließ er sich von dem Prinzip naturnah angelegter Badegewässer so begeistern, dass er seine Ferien opferte und sich im heißen Sommer des Jahres 2003 einen privaten Schwimmteich im eigenen Garten anlegte. Obwohl dafür die ganzen Ferien geopfert wurden, ist die Familie nach wie vor begeistert: „Je länger wir den Teich jetzt haben, desto mehr freuen wir uns über die damals nicht leichte, doch richtige Entscheidung, die uns auch mit etwas Stolz erfüllt." Inzwischen wird der Teich mindestens einmal täglich inspiziert, um alle Veränderungen mitzuerleben. So fasziniert es die Familie jedes Frühjahr aufs Neue, die Reifung des Froschlaiches bis zum Schlüpfen der Kaulquappen und die Entwicklung der Libellenlarven bis zum „Landgang" der ausgewachsenen Flugakrobaten zu verfolgen. Anfangs stattete auch ein neugieriger Graureiher dem frisch angelegten Gewässer seinen Besuch ab. Da es aber keine Fische im Teich und folglich auch keine Nahrung für den Vogel gibt, verlor er bald das Interesse. Ganz anders hingegen die beiden Töchter der Besitzerfamilie: Sie haben im eigenen Teich das Schwimmen gelernt.

Aqua-Jogging im Schwimmteich

Gut Ding will Weile haben. Das gilt auch für den Bau von Schwimmteichen. Von der ersten Idee bis zur Verwirklichung dieses Projektes vergingen gut zwei Jahre. Die heutigen Schwimmteichbesitzer kamen zum ersten Mal bei Freunden mit einem biologisch geklärten Badegewässer in Kontakt. Anlässlich einer Einladung badeten sie in deren Schwimmteich und waren von da an total begeistert und überzeugt davon, dass auch sie einen solchen Badeteich haben mussten. Kurz darauf nahmen sie Kontakt mit der Firma auf, die den Teich der Freunde gebaut hatte. Nach der Erstberatung wurde eine Skizze erstellt und ein Angebot gemacht. Danach folgte ein Jahr des Nachdenkens. Schließlich kam es zum erneuten Gespräch und der Erteilung eines Planungsauftrages für einen biologisch geklärten Schwimmteich mitsamt Außenanlage.

Vielfalt auf kleinem Raum

Die Außenanlage verfügt über drei verschiedene Sitzplätze, die jeweils eine andere Blickrichtung auf den Teich erlauben und zu verschiedenen Tageszeiten besonnt werden. Der um eine Hausecke herum angelegte Schwimmteich mit breitem, auch als Sonnendeck genutztem Holzsteg bietet aus jeder Perspektive einen anderen Anblick. Mit insgesamt 40 Quadratmetern Grundfläche gehört dieser Schwimmteich nicht zu den großen Anlagen, aber er ist durch die geschickte Planung sehr vielseitig nutzbar. Ein seichter Kinderbadebereich mit Kiesboden wird von den beiden sieben und elf Jahre alten Söhnen der Familie intensiv genutzt.

Pluspunkt Außendusche

Durch eine geschickt installierte Beleuchtung in und am Teich laden der Garten und das Badegewässer auch am Abend und in warmen Sommernächten zu erholsamen Stunden ein. Eine in Teichnähe installierte Edelstahldusche im Außenbereich stellt eine zusätzliche Attraktion dar. Das Modell wurde von einem Bekannten speziell für die Besitzerfamilie entworfen und inspirierte die mit der Errichtung beteiligte Teichbaufirma dazu, bei zukünftigen Projekten ebenfalls Außenduschen zu integrieren.

Ein Teich für alle

Inzwischen hat sich der Teich zum Lebensmittelpunkt der Familie entwickelt. Ab 18 °C Wassertemperatur wird praktisch täglich gebadet. Gleich nach der Heimkehr aus der Schule springen die Kinder ins kühle Nass und der Hausherr, der ein Geschäft hat, hält sich in der Mittagspause praktisch nur noch am Teich auf. Die Dame des Hauses nutzt den Teich für Aqua-Jogging und andere sportliche Betätigungen. Für die Familie ist ein Leben ohne Schwimmteich inzwischen nicht mehr denkbar.

Rechts *Ein gelungenes Beispiel für einen kleinen, aber vielseitig und interessant gestalteten Teich.*

Daten und Fakten

▶ **Baujahr**
2004

▶ **Wasserfläche**
Schwimmbereich: 20 m²
Regenerationsbereich: 13 m²
Pflanzenfilter: 7 m²
Gesamt: 40 m²

▶ **Wassertiefe**
2,0 m

▶ **Technische Ausstattung**
Keine Angaben

▶ **Gestaltungselemente**
Geschwungener Holzsteg
Quellstein
Flachwasserbereich für Kinder

▶ **Planung und Ausführung**
Helmut Haas GmbH & Co.
D-88239 Wangen-Roggenzell

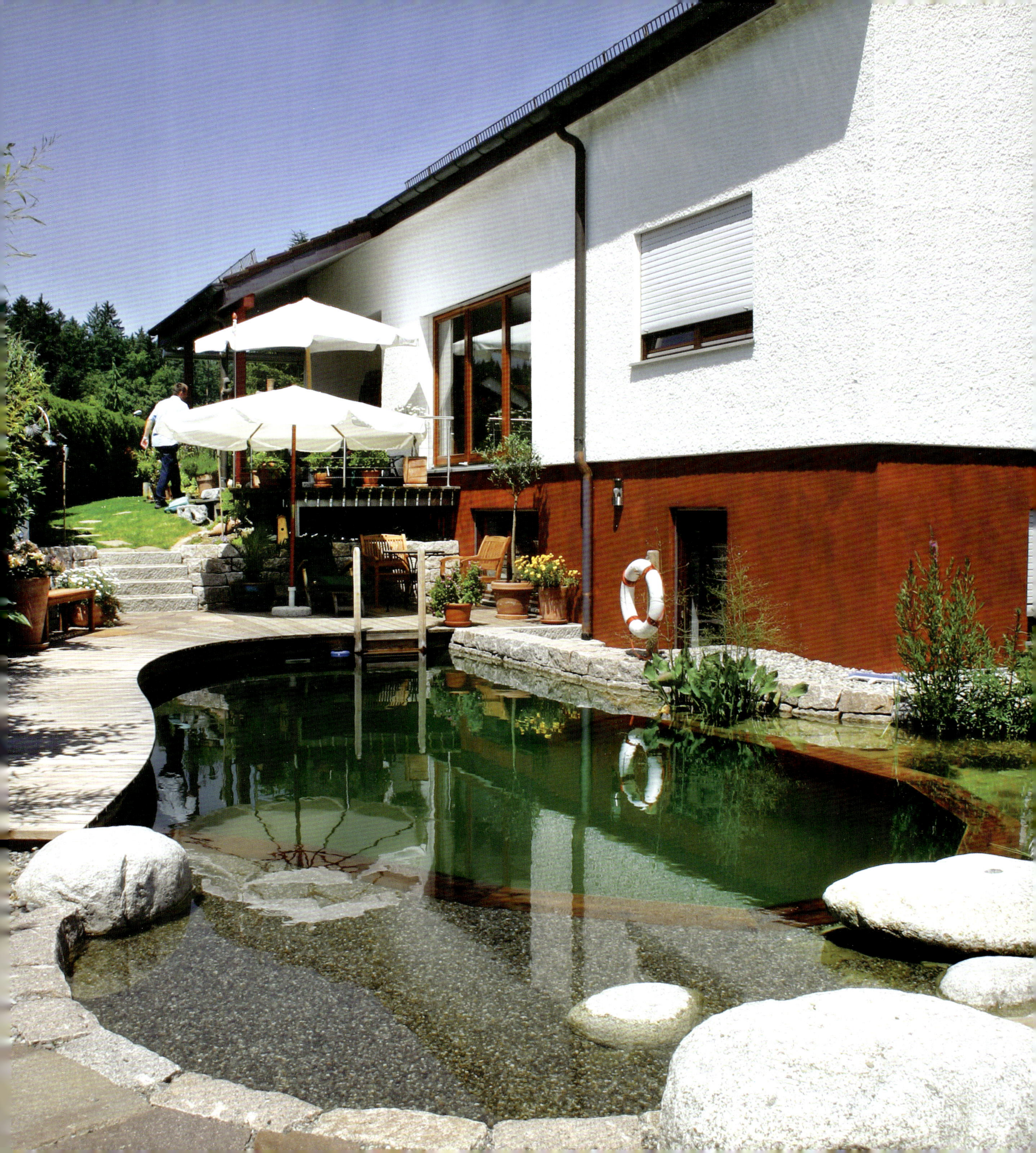

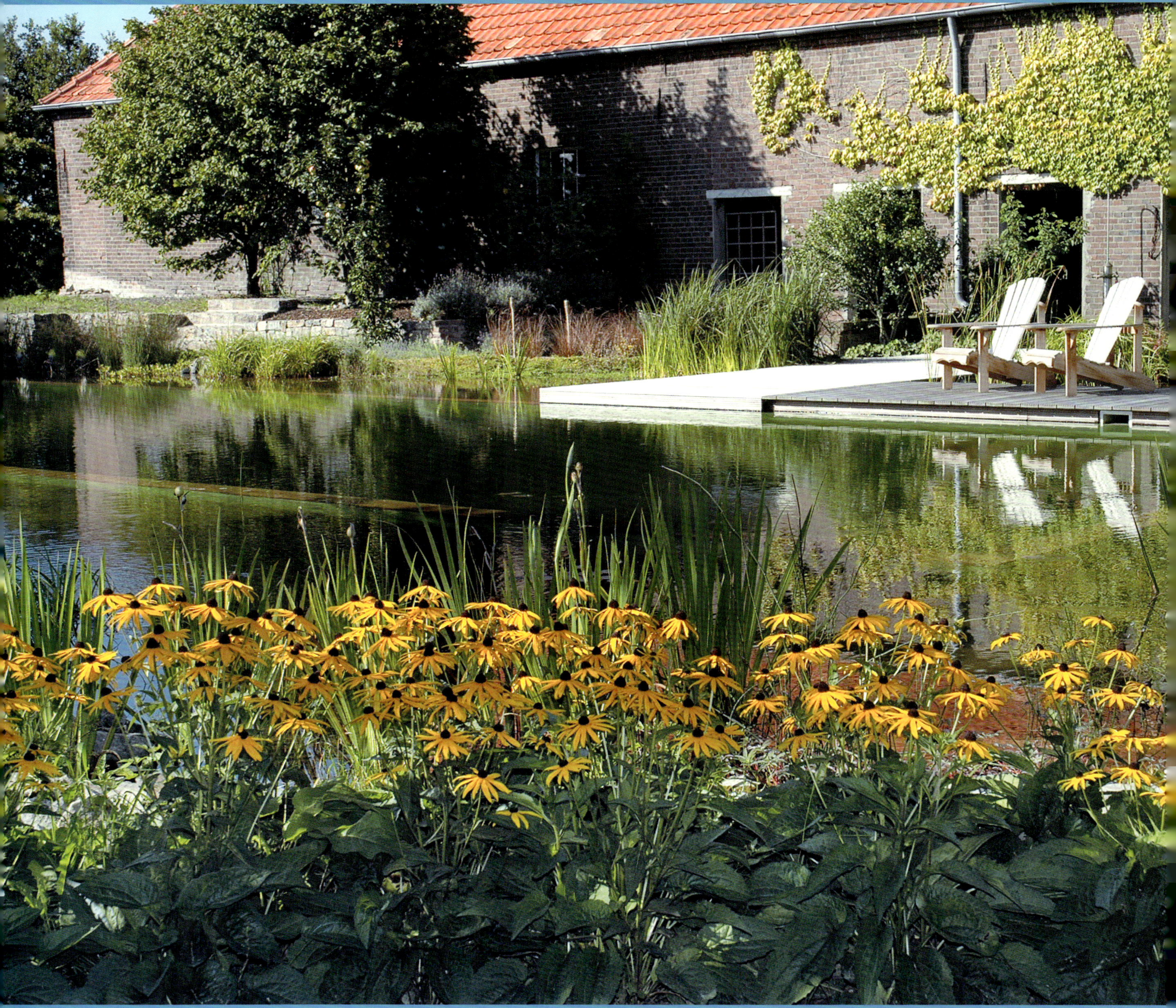

Landgarten mit Schwimmteich

Chlorfrei und dennoch rein – das war schon seit den Studentenjahren der Traum, den das Besitzerehepaar von einem eigenen Badegewässer hatte. Ein alter Resthof am Niederrhein bot schließlich die Möglichkeit, den lang gehegten Wunsch zu verwirklichen. Auf dem insgesamt mehr als 3000 Quadratmeter großen Grundstück hinter der ehemaligen Remise des Hofes entstand mithilfe einer Gartenarchitektin und eines auf Schwimmteichbau spezialisierten Unternehmens eine paradiesische Wasserlandschaft, umgeben von zahlreichen Sitzplätzen und erschlossen durch mäandernde Sandwege, die mit Dolomit-Brechsand belegt sind. Der Schwimmteich mit einer über hundert Quadratmeter großen Schwimmzone hat statt rechtwinkligen Begrenzungen geschwungene Konturen, wodurch er sich harmonisch in die ländliche Gartenlandschaft einfügt.

Vom Obstgarten zum Badeparadies

Das Gelände war vor der Umgestaltung ein alter Obstgarten. Jahrelang war dort überflüssiges Baumaterial gelagert worden, Brennnesseln und Wildlinge von Erlen, Weiden und Birken hatten sich angesiedelt und die alten Obstbäume waren mangels regelmäßiger Pflege vergreist. Vom alten Baumbestand mussten daher viele Exemplare gerodet werden, nur ein alter Kirschbaum und einige andere Obstbäume konnten erhalten werden. Um das Grundstück zu gliedern, wurden mehrere Hecken gepflanzt. Neben einer frei wachsenden Hecke, die an der Grundstücksgrenze Sichtschutz bietet, grenzen verschiedene Formschnitthecken einzelne Gartenräume voneinander ab, so dass eine vielgliedrige Gartenlandschaft entstanden ist. Insgesamt fünf Sitzplätze wurden über den Garten verteilt und laden zu jeder Gelegenheit zum geselligen Beisammensein oder zum entspannten Beobachten der Fauna und Flora am Teich ein. Ein Rundweg um den Teich eröffnet immer neue, überraschende Perspektiven auf die verschiedenen Gartenbereiche.

Daten und Fakten

▶ **Baujahr**
2003

▶ **Wasserfläche**
Schwimmbereich: 102 m²
Regenerationsbereich: 82 m²
Pflanzenfilter: 20 m²
Gesamt: 204 m²

▶ **Wassertiefe**
2,0 m

▶ **Technische Ausstattung**
Pumpe

▶ **Gestaltungselemente**
Steg und Deck aus Bangkiraiholz
Trockenmauer

▶ **Planung**
Friederike Boveland
D-48329 Havixbeck-Hohenholte

▶ **Ausführung**
Daldrup Garten- und Landschaftsbau
D-48329 Havixbeck-Hohenholte

Links und rechts *Ein ideal in die Umgebung eingebetteter Teich. Hier kann man seine Gedanken frei schweifen lassen und entspannte Stunden genießen.*

Wasser als ganz besonderes Gartenerlebnis

Wie der Mittelpunkt des gesamten Gartens liegt der bereits vor einigen Jahren angelegte und inzwischen gut eingewachsene Schwimmteich in dem parkähnlich gestalteten Umfeld eines großen Gartens. Die vielfältige, durch alten Baumbestand gesäumte Bepflanzung des Grundstücks mit Stauden und Ziergehölzen bildet zusammen mit der großen, gepflegten Rasenfläche den passenden Rahmen für das naturnahe Badegewässer. Ein Wellness-Haus mit Sauna und Ruheraum erweitert die Nutzungsmöglichkeiten der Anlage und erhöht ihren Freizeitwert. Die Besitzer dieses Schwimmteiches wurden durch Zeitschriftenartikel auf die Idee des biologisch geklärten Badeteiches aufmerksam. Außerdem hatte sich schon ein Bekannter einen Schwimmteich bauen lassen, sodass man sich direkt einen Eindruck von den Vorzügen eines solchen ökologisch wertvollen Badegewässers machen konnte. Auf einer Gartenmesse traf der heutige stolze Teichbesitzer den Leiter einer Gartenbaufirma, die auch Schwimmteiche errichtet. Doch zunächst gab es noch ein Problem: Wo sollte der Teich angelegt werden? Mit den gewünschten Ausmaßen war das Projekt im bereits bestehenden Garten nicht ohne weiteres unterzubringen. Erst nachdem das Nachbargrundstück zum Verkauf stand und erworben werden konnte, ergab sich auch die Möglichkeit, das Vorhaben zu verwirklichen.

Überzeugende Gründe

Vor dem endgültigen Entschluss wurden noch zahlreiche Gespräche mit dem Fachmann der Gartenbaufirma geführt. Auch besuchte man noch einige bereits gebaute Schwimmteiche, bevor schließlich mit dem Bau begonnen wurde. So konnten die Argumente für und wider einen Schwimmteich mit biologischer Wasserklärung gründlich abgewogen und alle Fragen im Vorfeld geklärt werden. Die Vorbereitungen haben sich ausgezahlt, wie die Besitzer heute versichern: „Wir möchten den Schwimmteich nicht mehr missen. Wasser im Garten entwickelt sich immer schnell zum Mittelpunkt, und wenn darin auch noch gebadet werden kann, ist das Gartenerlebnis umso schöner." Auch die durchweg positive Resonanz von Freunden und Bekannten gibt eine zusätzliche Bestätigung, dass die Entscheidung für den Schwimmteich richtig war. Allen zukünftigen Schwimmteichbauern rät der zufriedene Besitzer: „Bauen Sie den Schwimmteich auf keinen Fall zu klein. Man muss schon ein paar Züge schwimmen können. Wenn nicht genug Platz ist, sollte man lieber Koi-Karpfen im Teich züchten."

Daten und Fakten

▶ **Baujahr**
2001

▶ **Wasserfläche**
Schwimmbereich: 80 m²
Regenerationsbereich: 40 m²
Pflanzenfilter: 40 m²
Gesamt: 160 m²

▶ **Wassertiefe**
2,0 m

▶ **Technische Ausstattung**
Wasserkreislauf: ja
Pumpe
2 Skimmer
Biotop-Carbonator mit Injektordüse
Pflanzenfilter
3 Quellsteine

▶ **Gestaltungselemente**
Holzsteg und großes Holzdeck
Garten mit Parkcharakter und vielseitiger Bepflanzung
Wellness-Haus mit Sauna und Ruheraum am Teich

▶ **Planung und Ausführung**
Bahl Garten-, Landschafts- und Schwimmteichbau
D-25368 Kiebitzreihe

Der großzügige Schwimmbereich genügt auch sportlich ambitionierten Familienmitgliedern. Der nötige Platz stand nach dem Ankauf des Nachbargrundstücks zur Verfügung.

Der Wintergarten verbindet Wohn- und Freizeitbereich. Von hier aus kann man den Blick auf das Wasser auch an kühlen Tagen genießen.

Die Verbindung vom Haus zum Teich erfolgte mit viel Liebe zum Detail. Eine in Form geschnittene Buchshecke säumt den Weg.

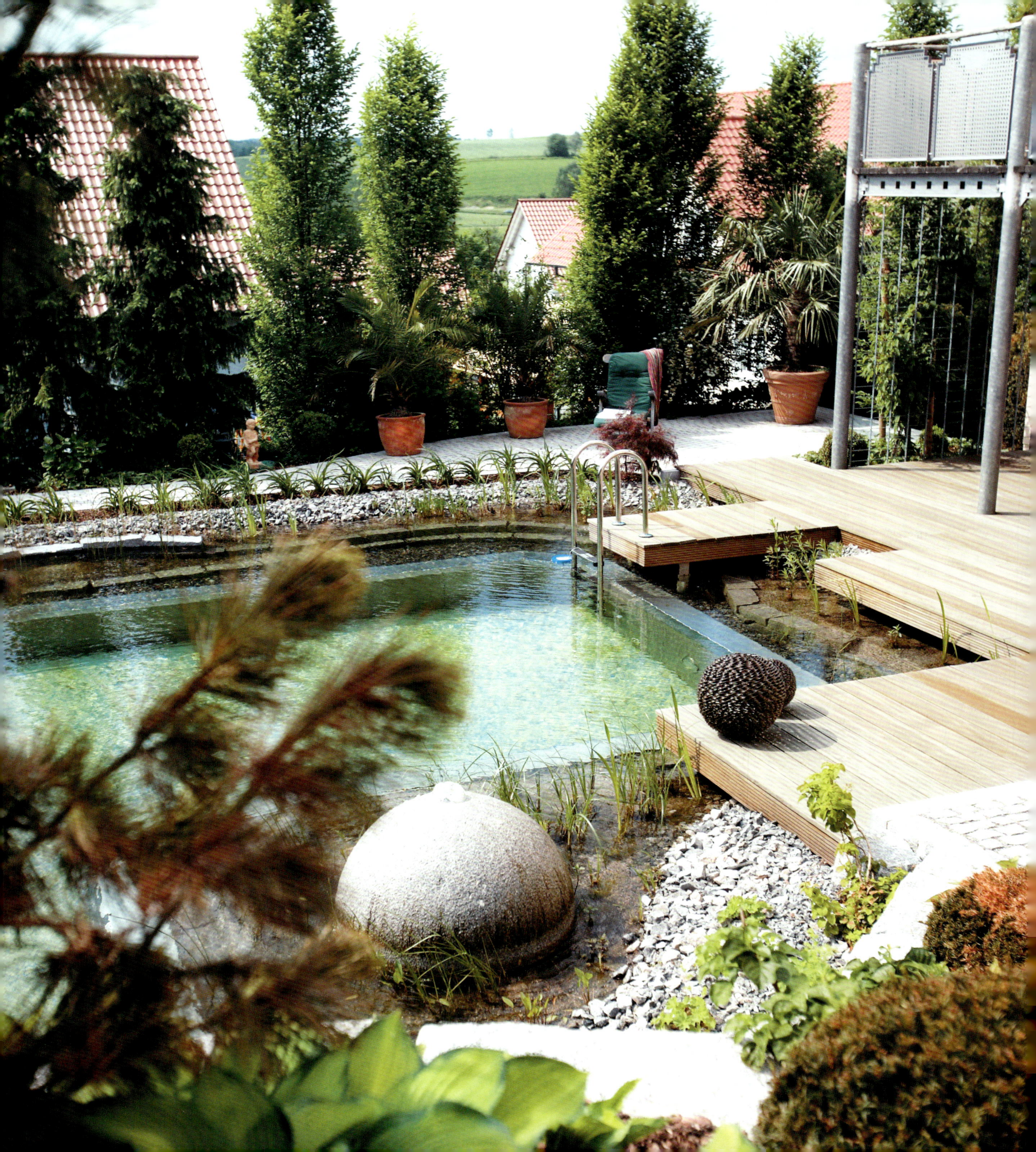

Schwimmteich im Hanggarten

Bevor der Bau des großzügig geplanten Schwimmteiches in diesem insgesamt etwa 500 Quadratmeter großen Garten beginnen konnte, musste zunächst das Hanggrundstück terrassiert werden. Mit Mauern aus hellgrauen, quaderförmigen Granitblöcken wurde der Garten in mehrere unterschiedlich große Stufen gegliedert. Der Schwimmteich nimmt die gesamte untere Gartenebene und damit fast die halbe Grundfläche des gesamten Grundstücks ein. Das Besondere an diesem biologisch geklärtem Badegewässer ist das Schwimmbecken, das statt mit Teichfolie ganz mit poliertem Edelstahl ausgekleidet wurde. Die klaren Konturen des Bassins und ein atmosphärisch schimmerndes Wasser, das die Sonnenstrahlen reflektiert, sprechen für diese ungewöhnliche Lösung.

Granit als Leitmotiv

Die mit Repositionspflanzen bestückten, unterschiedlich breiten Ufersäume werden von hellgrauem Granitsplitt eingefasst, Granitblöcke fangen die steile Böschung auf. Aus dem gleichen Stein bestehen auch die Blockstufen und das Kleinpflaster an der Teichseite, die an das Nachbargrundstück grenzt. Ebenfalls aus Granit gehauene Kugeln wurden als Quellsteine am Teichrand platziert und schmeicheln mit ihrem leisen Geplätscher den Sinnen, ganz gleich, ob man seine Bahnen im Teich zieht oder auf dem am Teichufer errichteten Holzdeck entspannt.

Kugeln und Säulen

Eine überlegte Bepflanzung mit Japanischem Schlitzahorn (Acer palmatum 'Fireglow'), säulen- und kugelförmigen Gehölzen wie in Form geschnittenem Buchsbaum (Buxus), serbischen Fichten (Picea omorica), Säulen-Hainbuchen (Carpinus betulus 'Fastigiata') und immergrünen Heckenpflanzen wie Lorbeerkirsche (Prunus lauocerasus) und Eiben (Taxus baccata) rahmt den Schwimmteich auf drei Seiten ein und schützt vor neugierigen Blicken aus der Nachbarschaft. Zwischen Wohnbereich und Badeteich stellt der mit Teakholz belegte Sitzplatz eine ideale Verbindung her und lädt nicht nur in den Badepausen zum Sonnen und Entspannen ein. Von hier aus überbrückt ein Steg die schmale Regenerationszone und ermöglicht über eine Edelstahlleiter den bequemen Einstieg in den Schwimmteich.

Links *Ein Blickfang ist der kugelförmige Quellstein im naturnah bepflanzten Rand des Schwimmteichs.*

Daten und Fakten

▶ **Baujahr**
2004

▶ **Wasserfläche**
Schwimmbereich: 70 m²
Regenerationsbereich: 70 m²
Gesamt: 140 m²

▶ **Wassertiefe**
2,0 m

▶ **Technische Ausstattung**
Trennung Schwimmbereich/Aufbereitung mit Edelstahl-Wandmodulen
Komplett geschützte Teichdichtung durch Naturstein (Kies, Natursteinplatten)
3 Umwälzpumpen, Skimmer, Quellelement
Automatische Wasserstandsregelung
3 Unterwasserstrahler
Pumpenschacht mit Zeitschaltautomatik

▶ **Gestaltungselemente**
Beckenauskleidung aus Edelstahl
Deck aus Teakholz
Mauer aus Quarzit-Blöcken
Steg aus Teakholz
Granitkugel-Quellstein

▶ **Planung und Ausführung**
Garten- und Landschaftsbau Pohl GmbH
D-93497 Willmering

Teichlandschaft für Romantiker

Ob und was wir als schön empfinden, hängt stark von den Proportionen ab. Und die richtigen Proportionen sind es auch, die zum Gelingen dieser romantischen Teichlandschaft beigetragen haben. Haus, Wasser und Garten sind zu einem harmonischen Ganzen zusammengefügt. Blickachsen nehmen die Gliederung des Wohnhauses auf und schaffen eine Verbindung zwischen Architektur und Natur. So verlängern die quadratischen Granit-Quellsteinplatten die Mittelachse des Wohnhauses und lenken den Blick aus dem Esszimmer über den Teich zum gegenüber liegenden Ufer. Ein besonderer Reiz liegt dabei im Kontrast zwischen den „harten" und „weichen" Uferbereichen, der Terrasse des Wohnhauses und dem naturnah gestalteten Teichufer mit dichter Bepflanzung.

Gartenpavillon für verträumte Stunden

Ein schmaler, mit Klinkerpflaster belegter Weg verbindet den kreisrunden, filigranen Pavillon direkt mit der Wohnterrasse. Der Pavillon selbst wurde mit Wein berankt, und auch die direkte Umgebung ist üppig bepflanzt. So entsteht der Eindruck eines Seepavillons inmitten einer Parklandschaft. Dieser Eindruckt wird dadurch verstärkt, dass der zum Haus führende Weg nicht geradlinig sondern abgewinkelt verläuft. So ist denn dieser idyllische, nachts beleuchtete Gartenpavillon auch der Lieblingsplatz der ganzen Familie geworden, als Raum zum Feiern mit Freunden, spielen, sonnen und relaxen. Von hier aus reicht der Blick über eine etwa dreißig Meter lange, großzügige Wasserachse, an deren Ende sich ein weiterer, mit Kies belegter runder Sitzplatz befindet.

Links und rechts *Sichtachsen und eine ausgewogene Gestaltung lassen den Eindruck eines englischen Landschaftsparks entstehen.*

Daten und Fakten

▶ **Baujahr**
2000

▶ **Wasserfläche**
Regenerationsbereich: 50 m^2
Gesamt: 200 m^2

▶ **Wassertiefe**
bis 2,0 m

▶ **Technische Ausstattung**
Pumpe

▶ **Gestaltungselemente**
Granit-Quellsteinplatten
Klinkerpflaster
Gartenpavillon

▶ **Planung**
Henke + Blatt
Garten- und Landschaftsarchitekten BDLA
28832 Achim

▶ **Ausführung**
Leucht Garten- und Landschaftsbau GmbH
28816 Stuhr

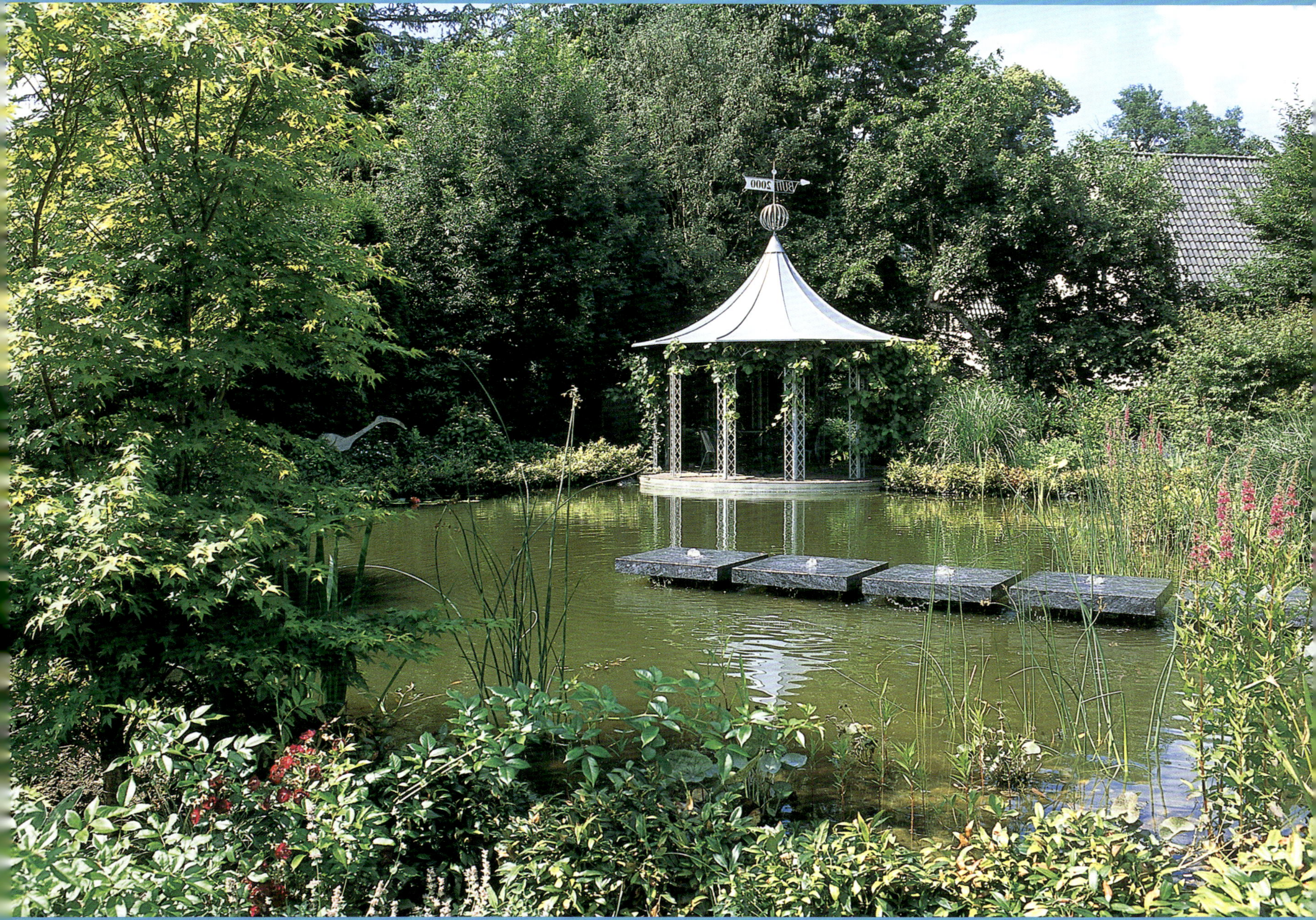

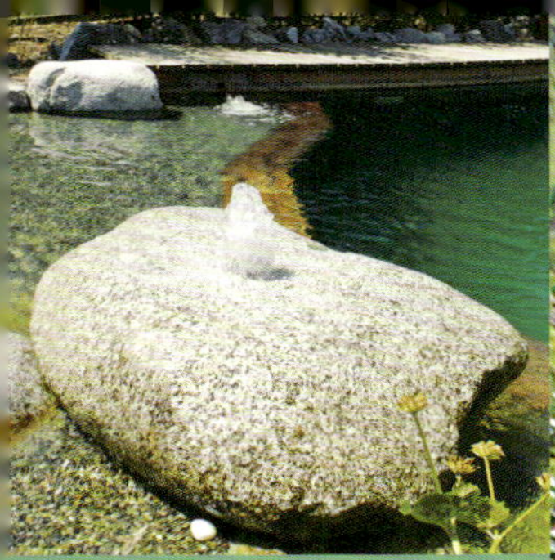

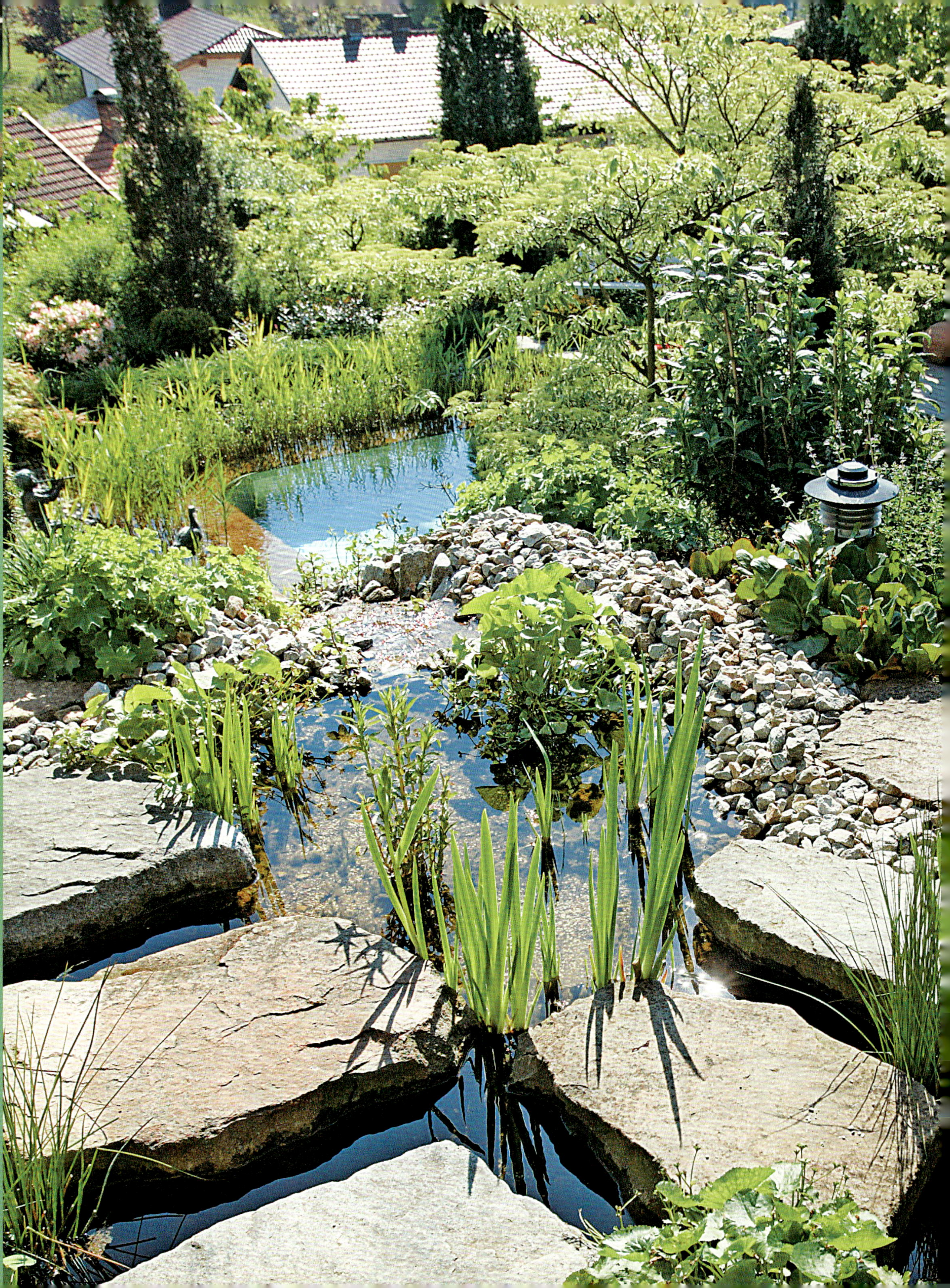

Gestaltungsideen rund um den Teich

Teichlandschaften, ganz gleich, ob sie natürlichen Ursprungs sind oder vom Menschen nach seinen Vorstellungen und Bedürfnissen geschaffen wurden, sind vor allem Oasen der Ruhe und Orte zum Entspannen und Erholen. Für Kinder und Jugendliche bedeutet der Teich im eigenen Garten aber auch Spaß und Vergnügen, von dem sich Erwachsene nur allzu gern anstecken lassen. Wer offen für Veränderungen ist und seiner Fantasie freien Lauf lässt, kann aus einer Fülle von Gestaltungsideen schöpfen und so den Alltag rund um den Schwimmteich noch vielfältiger und intensiver erleben.

Eins mit der Natur

Konventionelle Swimmingpools finden sich leider allzu oft, isoliert vom übrigen Garten, in einer monotonen Rasenfläche oder auf einer gepflasterten oder betonierten Terrasse. Nach dem Vorbild der Natur angelegte Schwimmteiche können dagegen durch eine überlegte Planung und Gestaltung sowie eine behutsame Pflege zu einem harmonischen Teil der Umgebung und eins mit der Natur werden. Im Idealfall kombinieren sie die idyllische Schönheit eines stillen Gewässers mit den praktischen Vorzügen einer vielseitigen Freizeitanlage direkt am Haus.

Vorrangig sind natürlich Aktivitäten wie Baden, Schwimmen und Plantschen die ausschlaggebenden Gründe für den Bau eines Schwimmteiches. Dank einer schön gestalteten Umgebung gehören Sonnenbaden, das Beobachten des Lebens am und im Teich, das Feiern mit Freunden oder einfach mal eine Stunde der Entspannung und des süßen Nichtstuns zu den Privilegien, die man als Schwimmteichbesitzer genießen kann – und das fast zu jeder Zeit, denn der eigene Freizeitpark hat bei Tag und Nacht und zu jeder Jahreszeit nonstop geöffnet! Und noch etwas macht die Entscheidung für einen Schwimmteich leicht: Ob Frühling, Sommer, Herbst oder Winter – ein Teich ist immer eine optische Bereicherung für den Garten. Das gilt nicht nur für die Sommermonate, in denen der Schwimmteich durch das Baden ausgiebig genutzt wird. Der wahre Wert des naturnah angelegten Gewässers offenbart sich besonders in den kalten Wintermonaten, wenn bei konventionellen Swimmingpools das Wasser abgelassen wird. Der Schwimmteich dagegen stellt den ganzen Winter über eine Attraktion im Garten dar. Uferpflanzen können im Spätherbst genauso reizvoll sein wie die von Raureif überzuckerten Gräser.

Der Teich am Haus

In den letzten Jahren wird immer häufiger das Sonnendeck am Teich mit der Terrasse des Wohnhauses kombiniert, nicht zuletzt deshalb, weil die Kosten bei gleichzeitiger Errichtung von Haus und Schwimmteich deutlich reduziert werden können. Die Nähe des Teichs zur Terrasse verlockt außerdem auch öfter zum spontanen, erfrischenden Bad zwischendurch und rückt ihn in den Mittelpunkt des Geschehens. Bei weitläufigeren Gärten platzieren Gartenbesitzer ihren Schwimmteich oft absichtlich abseits des Wohnhauses. Die Einbettung in die Gartenlandschaft steigert den Erlebniswert beim Baden und der Weg zum Teich macht das Baden zu einem bewussten Freizeitvergnügen. Zusätzlich bietet sich durch die Entfernung vom Haus und den verfügbaren Raum die Möglichkeit, Gestaltungselemente wie Badehütte, Dusche oder Skulpturen einzuplanen. Es ist jedoch schon bei der Planung darauf zu achten, dass durch den Schwimmteich der Rest des Gartens nicht vom Haus abgeschnitten wird.

Rechts Stege gliedern die Wasserlandschaft.

Links Der Schwimmteich unterstreicht den ländlichen Charme des bäuerlichen Anwesens.

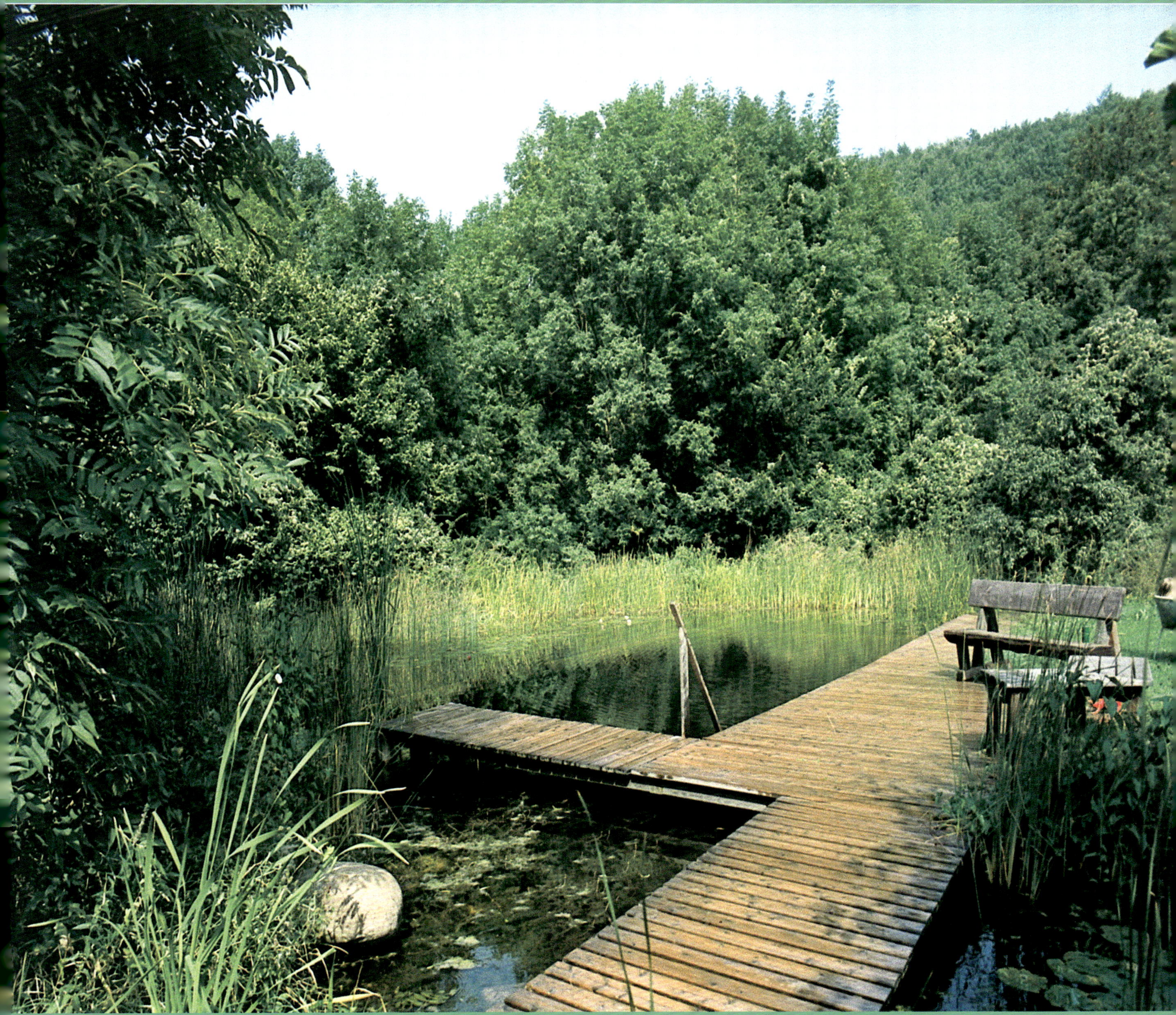

Raum zum Spielen und zum Plantschen

Ein von üppigem Pflanzenwuchs eingerahmter Schwimmteich, auf dem die Seerosen blühen, wo sich Rohrkolben und Blutweiderich im Wind wiegen und Libellen ihre Runden über dem Wasser drehen, wirkt ursprünglich und wild und weckt das Interesse, die Wasserlandschaft mit all ihren Geheimnissen näher zu erkunden. Besucher müssen sich nicht erst einen Weg durch die Ufervegetation bahnen, wenn der Teich rundum auf Wegen oder naturnah gestalteten Uferzonen erreichbar ist. In den Teich hineinragende Stege und Trittsteine laden zu einer Annäherung an das Wasser ein. So kann man einen Blick auf die Tier- und Pflanzenwelt im flachen Wasser werfen, ohne sich die Füße nass zu machen.

Und welcher Teichbesitzer hat sich noch nicht dabei ertappt, länger als geplant am Ufer zu verweilen, weil sich zum Beispiel gerade eine bunt schillernde Libelle aus ihrem unscheinbaren Chitinpanzer schält und man dieses Naturschauspiel nicht versäumen will. Andere verbringen Stunden mitten in der Regenerationszone, auf Trittsteinen oder Findlingen sitzend, sinnierend, beobachtend oder ein Buch lesend. Jeder findet seinen Lieblingsplatz und schöpft aus dem Aufenthalt am Teich Erholung und Ruhe.

Ein flacher Kiesstrand für Kinder

Besonders für Kinder ist Plantschen und ausgelassenes Spielen ein großes Vergnügen. Daher sollte bei der Planung vor allem auf die „Kleinen" ein besonderes Augenmerk gelegt werden.

Immer beliebter werden Kinderbadebereiche, die vom Schwimmbereich für Erwachsene baulich getrennt angelegt werden. Das Wasser in dieser seichten Zone kann leicht gewechselt werden und erwärmt sich im Sommer zudem rascher als der Schwimmbereich. Kinder machen bei dieser vernünftigen Lösung aber nicht immer mit und wollen allzu oft zu den „Großen" ins tiefe Becken. Um eine räumliche Trennung und damit die Isolierung der Kinder aufzuheben, können nach dem Vorbild natürlicher Badeseen seicht zum Schwimmbereich hin abfallende Uferbereiche geplant werden. Dort kann die ganze Familie dann gemeinsam sicher baden.

Die Umsetzung dieser Idee erfordert allerdings mehr Platz für den Schwimmteich, da der Kiesstrand flach gehalten werden muss, um ein Abrutschen zu verhindern. Die Neigung des Bodens im Wasser sollte ein Verhältnis von 1:10 haben. Dadurch ergibt sich ein Platzbedarf vom Uferrand bis zum Ende des flachen Bereichs von etwa acht bis zehn Metern. Wenn der Garten diesen Raum nicht bietet, muss notfalls der Schwimmbereich für die „Großen" reduziert werden. Teichbesitzer, die sowohl leidenschaftliche Eltern wie auch begeisterte Schwimmer sind, werden dafür Verständnis haben.

Ein Sandstrand im Garten

Kaum eine andere Ufergestaltung lässt eine solche Urlaubsstimmung aufkommen wie ein Sandstrand am Schwimmteich. Gleichzeitig ist er die ideale Ergänzung zum Flachstrand. Die offene, heitere Atmosphäre, die durch das feinsandige Ufer entsteht, ist mit nichts zu vergleichen. Kinder finden hier einen Ort für unbeschwertes Spiel und Erwachsene können mal so richtig die Seele baumeln lassen.

Sind Sandstrände überall möglich?

Besonders einfach ist das Anlegen eines Sandstrandes am Schwimmteich in Regionen, wo der anstehende Boden von Natur aus schon einen hohen Sandanteil besitzt. In Deutschland findet man Sandböden zum Beispiel in Hamburg, in Berlin sowie im märkischen Umland und in den Küstenregionen von Nord- und Ostsee. Dort braucht man nach dem Bau des Schwimmteiches nur eine Fuhre gewaschenen Flusssandes am flachen Ufer anzuschütten und zu verteilen. Am Ufer des Schwimmteiches muss dennoch an eine Kapillarsperre gedacht werden, damit der Wasserspiegel keinen Kontakt zum Strand hat.

Der Übergangszone vom Sandstrand zum Gewässer muss dabei besonders viel Aufmerksamkeit gewidmet werden. Ins Wasser getragener Sand sinkt nämlich allmählich an den tiefsten Punkt des

Schwimmbereichs ab und muss dann wieder vom Teichboden abgesaugt werden. Um den Eintrag auf ein Minimum zu reduzieren, empfiehlt es sich, eine Kiesauflage bis etwa eineinhalb Meter über den Uferrand reichen zu lassen. Diese fängt durch Regen abgeschwemmten Sand ab und reduziert auch den von Badenden eingetragenen Sand. Auch hier empfiehlt es sich, die Kapillarsperre – also die Uferrandleiste – möglichst nahe an den Sandstrand zu legen und dann unter dem Kies zu verbergen.

Strände aufschütten

Ist kein natürlicher sandiger Boden vorhanden, wird die Anlage eines echten „Strandes" deutlich aufwändiger. Hier sollte vor dem Anschütten des Sandes der gesamte Mutterboden in Ufernähe in einer Tiefe von bis zu 30 Zentimetern ausgehoben werden. Würde man den Sand einfach so auf den Mutterboden am Ufer aufschütten, hätte der Regen ihn in kürzester Zeit ausgewaschen und fortgespült. Da hilft dann auch eine hochgezogene Kiesauflage und die Uferrandleiste nicht. Wird der Sandstrand möglichst waagerecht angelegt, verhindert dies zusätzlich ein Abrutschen und Wegschwemmen des Sandes.

Um das Aufkommen von unerwünschter Vegetation zu verhindern, kann eine spezielle, wasserdurchlässige Folie aus dem Gartenfachhandel verlegt werden.

Ob öffentlich oder privat – ein Sandstrand am Schwimmteich bedeutet Urlaub vom Alltag.

Eine Liegewiese zum Sonnenbaden

Wenn der Schwimmteich nicht unmittelbar an die Terrasse oder an einen Sitzplatz angrenzt, braucht man noch einen halbwegs trockenen, ebenen Platz neben dem Sonnendeck, um sich abzutrocknen, auszuruhen oder ein Bad in der Sonne zu nehmen. Besonders in Hanglagen sind gepflasterte Sitzplätze nur mit hohem Aufwand zu verwirklichen. Am einfachsten ist hier, wie auch im ebenen Gelände, die Anlage einer Rasenfläche, die nach dem Schwimmen zum Liegen und Sonnenbaden einlädt und für Kinder zur Spielwiese wird. Damit Rasen gut gedeiht, braucht man eine qualitativ hochwertige Saatgutmischung, einen besonnten Standort und einen nicht zu steinigen Boden. Oft wurde der Boden rund um den Schwimmteich während des Baus durch Baumaschinen und Bagger stark verdichtet. In solchen Fällen empfiehlt sich vor der Aussaat von Rasen eine tiefgründige Lockerung des Bodens, damit sich später keine Staunässe bildet.

Rasenflächen und Holzdecks neben dem Schwimmteich laden zum Sonnenbaden ein.

Eine Dusche am Schwimmteich

Das in öffentlichen Bädern übliche, manchmal sogar vorgeschriebene Duschen vor dem Sprung ins Wasser wird auch im privaten Bereich immer beliebter, obwohl das Wasser im Privatpool auch ohne Duschen der Benutzer kaum belastet wird. Für den eigenen Garten bieten sich originelle Lösungen an, die von Designer-Duschen bis zu Solarduschen reichen können. Letztere bieten den Vorteil, dass man auch warm duschen kann – und das, ohne einen Stromanschluss oder eine Warmwasserleitung in die Nähe des Standortes verlegen zu müssen.

Mit einem Einhandmischer regelt man ohne Wasserverlust die Wassertemperatur. Das ist besonders bei Solarduschen vorteilhaft, wo nur eine begrenzte Menge warmen Wassers zur Verfügung steht. Der Boden der Dusche kann aus denselben Brettern bestehen wie das Sonnendeck. Ein Unterbau mit einem tiefen Schotterbett verhindert eine Überschwemmung der umliegenden Flächen.

Duschen am Schwimmteich sollten funktional und einfach zu bedienen sein.

Bachlauf und Wasserfall

Ein sehr beliebtes und häufig eingesetztes Gestaltungselement im Garten ist der Bachlauf. Teichliebhaber wünschen sich vor allem, das Plätschern des Wassers zu hören. Bewegtes Wasser suggeriert Frische, wobei man hier schnell einer Selbsttäuschung unterliegt. Bei einfachen Bachläufen wird das Wasser lediglich zur Quelle hochgepumpt und fließt dann ohne jede Auffrischung oder Reinigung wieder in den Teich zurück. Entgegen einer landläufigen Meinung wird das Wasser in einem künstlichen Bachlauf nicht mit Sauerstoff angereichert, auch nicht in den Nachtstunden. Am Tag wird bei Betrieb des Baches sogar der von den Algen produzierte Sauerstoff ausgetrieben und die Konzentration sinkt ab. Dennoch ist ein an das Gelände angepasster Bachlauf in jedem Fall eine optische Bereicherung.

Abfallendes Gelände erleichtert die natürliche Gestaltung eines Bachlaufs und ermöglicht auch die Anlage eines Wassersammelbeckens auf der Fließstrecke. Wie ein Schwimmteich ist auch ein Bachlauf mit Teichfolie ausgelegt und die Ränder der Folie werden unter Kies verborgen. Bei ebenem Gelände muss die Landschaft entsprechend modelliert werden, damit ein leichtes Gefälle entsteht.

Künstliche Bachläufe

Gelegentlich wird der Aushub des Schwimmteichs in Ufernähe angehäuft, um von dort aus einen Bach in das Gewässer fließen zu lassen. Bei einer solchen Lösung kann allein schon der Erdhügel ein künstlich wirkendes Element sein. Wenn der Bachlauf dann in vielen Serpentinen diesen künstlich erschaffenen Hügel hinunterfließt, ist der Eindruck der Manieriertheit kaum noch zu übertreffen. Einer solchen Inszenierung widerspricht die einfache Tatsache, dass sich Wasser in der Natur immer den kürzesten Weg ins Tal sucht!

Gelegentlich werden kleine Wasserfälle in Bachläufe eingebaut. Spektakulärer sind jedoch Wasserfälle und Kaskaden, die sich dramatisch in den Schwimmteich ergießen. Ein derartiges Spektakel macht das Baden noch attraktiver und zieht Kinder

Wo natürliches Gefälle vorhanden ist, kann ein Bachlauf die ideale Ergänzung zum Teich sein.

magnetisch an. Die Größe eines Wasserfalls ist abhängig von der Pumpenleistung. Solche den Wasserfluss in Gang haltende Pumpen verbrauchen eine Menge Energie, was sich merkbar auf die Stromrechnung auswirkt. Die Laufzeit der Pumpen kann zwar mit Zeitschaltuhren gesteuert werden, zu bedenken ist allerdings, dass wasserlose Bachläufe deutlich an Attraktivität einbüßen und die Ufervegetation beim Trockenfallen leidet.

Als charmante und unprätentiöse Alternative zum Bachlauf bietet sich der Quellstein an, der ebenfalls sanft plätschert und darüber hinaus noch pflegeleichter ist.

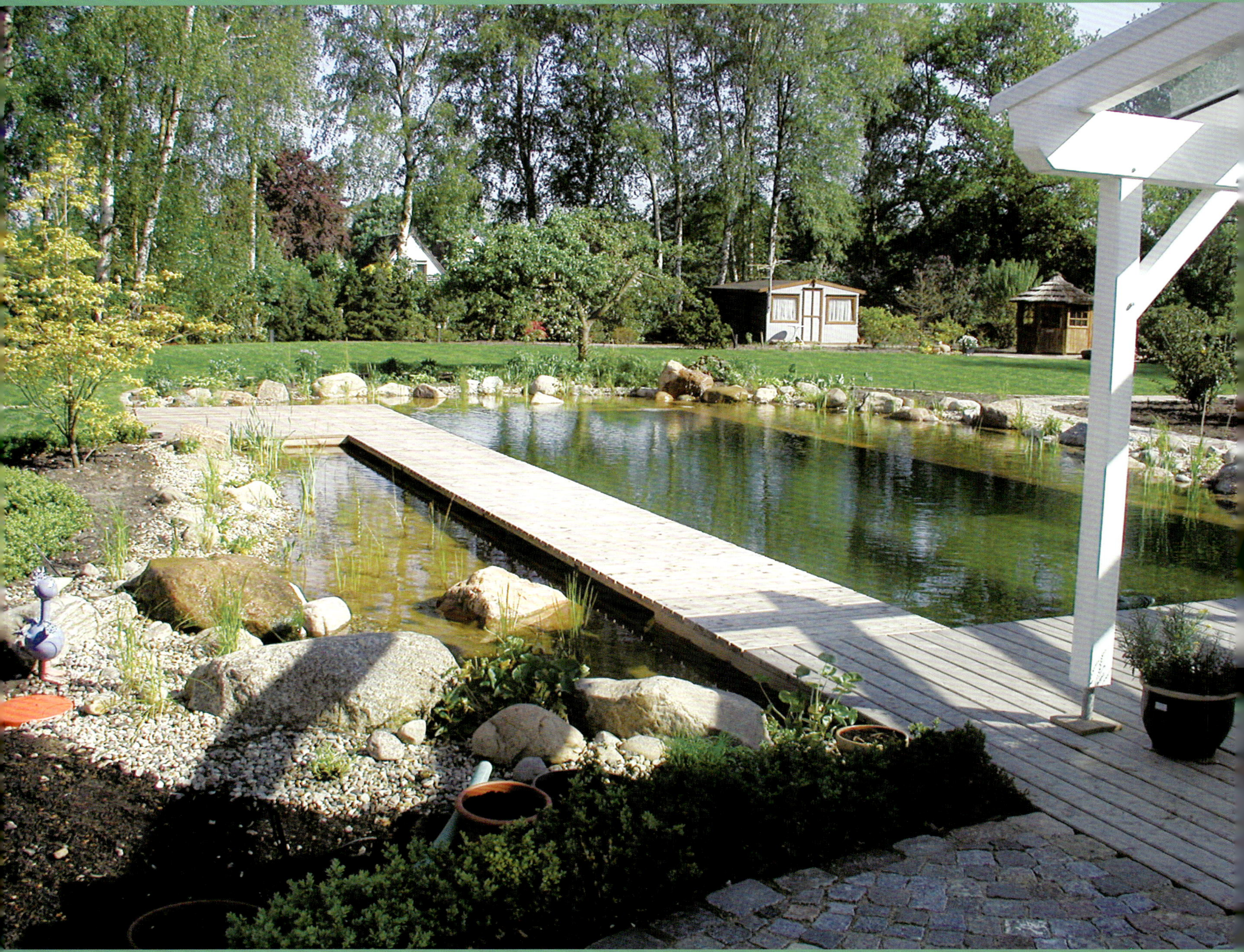

Stege und Brücken

Stege und Brücken sind Hilfsmittel, um trockenen Fußes an und über das Wasser zu gelangen. Sie kommen hauptsächlich bei größeren Schwimmteichen und bei öffentlichen Naturbadeteichen zum Einsatz. Sie führen den Besucher direkt ins Zentrum des lebendigen Geschehens. Dort lassen sie ihn Flora und Fauna noch unmittelbarer erleben. In privaten Badeteichen sind sie nur dann sinnvoll, wenn sie eine wirkliche Funktion erfüllen. Von der Errichtung aus rein optischen Gründen ist abzuraten.

Neben ihrem Wert als Beobachtungsposten können Stege und Brücken die Teichpflege vom Ufer aus erleichtern. Geräte, wie z. B. die Unterwassersense, sind mittlerweile aber technisch so ausgereift, dass man sie mithilfe von Teleskopstangen problemlos auch vom Ufer aus bedienen kann. Wo der Platz für eine Brücke fehlt, aber dennoch eine Verbindung der Ufer erwünscht ist, können im Regenerationsbereich auf einem Unterbau verlegte Trittsteine einen Ersatz darstellen. Eine gute Anbindung der Stege und Brücken an den übrigen Garten wird durch Kies, bodeneben verlegte Trittsteine oder Natursteinpflaster erreicht. Stege sind zugleich die Verlängerung und der Endpunkt von Wegen am und zum Gewässer. Einen bequemen Ein- und Ausstieg in die Badezone des Schwimmteiches ermöglichen sie nur dann, wenn sie mit einer Leiter kombiniert werden. Wo genug Platz zur Verfügung steht, können Stege sich zu Sonnendecks zum Ausruhen und Entspannen verbreitern.

Wann sind Brücken sinnvoll?

Stege und Bogenbrücken in privaten Badeteichen sollte man nur dann bauen, wenn man sie wirklich benutzt. Als reine Dekoration sind sie überflüssig und zu kostspielig. Ihre Planung bedarf eines großen Fingerspitzengefühls und sie können auch die Baukosten um einiges erhöhen. Die meisten Teiche sind – oft wegen beengter Platzverhältnisse im Garten – nicht größer als 100 Quadratmeter. Diese Fläche noch durch Stege und Brücken zu trennen, kann dem Teich viel von seiner Natürlichkeit nehmen und reduziert die ohnehin knappe Wasseroberfläche außerdem beträchtlich. Mit anderen Worten: Der Teichbesitzer investiert in jeden Quadratmeter Teich eine Summe von etwa 250,- Euro und macht sie dann durch einen Steg, der nochmals so viel kostet, als Schwimm- oder Regenerationsfläche unbrauchbar. Grundsätzlich sollte auch hier – wie bei allen baulichen Entscheidungen – die Überlegung angestellt werden, ob das geplante Element dann auch wirklich von Nutzen sein wird. Eine Brücke, die zwei Ufer miteinander verbindet, wird nie benutzt werden, wenn der Weg rund um den Teich einfacher und sicherer ist. Zu bedenken ist auch, dass das Ausmaß einer sicheren Bogenbrücke oft nicht mit der Größe eines Schwimmteiches korreliert – außer wenn der Teich größer als 200 Quadratmeter ist.

Sprungbretter

Beim Errichten von Sprungbrettern muss darauf geachtet werden, dass eine solide Verankerung gewährleistet ist. Die Kräfte, die beim Wippen auf ei-

Links Kühn geplante Stege können Sichtachsen betonen und zur Gliederung der Landschaft beitragen.

Ein Sprungstein am Ufer – fest verankert ist er nicht nur für Kinder ein toller Freizeitspaß!

nem Sprungbrett frei werden, sind gewaltig. Die Fixierung sollte daher am Ufer des Teichs oder auf dem am Uferrand befindlichen Sonnendeck angebracht werden, wo ein Betonsockel unter den Deckbrettern verborgen werden kann. Die Errichtung eines Sprungbretts scheitert meist nicht an der Tiefe des Schwimmteiches – 1,80 Meter reichen völlig aus –, sondern an der Größe und vor allem an der Längenausdehnung des Schwimmbereichs. Der Radius um das Ende des Sprungbretts herum muss mindestens drei Meter betragen, damit sich beim Sprung in den Teich niemand an den unter Wasser befindlichen Begrenzungen des Schwimmbereichs verletzen kann.

Bei der Konstruktion von Sprungbrettern sollte auf eine Übereinstimmung mit bereits verwendeten Materialien geachtet werden. Die Kombination von Kunststoffbrettern mit Holzdecks beeinträchtigt die optische Harmonie einer Teichanlage sehr.

Stege: Selbstbau, Bausatz oder Fertigprodukt?

Bei der Planung von Stegen sollte man sich festlegen, welches Holz man für die Oberfläche verwenden will, und dann konsequent bei seiner Wahl bleiben. Keinesfalls darf man bei der Stärke der Stegbretter sparen. Dünne Bretter verrotten rasch und müssen dann zur Gänze ersetzt werden. Bei mindestens vier Zentimetern Stärke ist die Anfangsinvestition zwar höher, man erspart sich aber längerfristig viel Ärger. Unter der Einwirkung von Sonne arbeitet selbst gut getrocknetes Holz in der empfohlenen Stärke noch. Um ein Verziehen des Stegbretts zu vermeiden, sollte man in der Mitte der Unterseite in Längsrichtung eine Kerbe von etwa einem Zentimeter Tiefe anbringen (siehe Tipps). Diese Kerbe reduziert die im Holz entstehende Spannung. Zu vermeiden sind auch zu lange oder zu

Brücken sind nur dann eine Bereicherung, wenn sie eine sinnvolle Verbindung zwischen zwei Ufern bilden.

breite Stegbretter. Eine Breite von etwa 10 bis 15 Zentimetern und eine Länge von eineinhalb bis zwei Metern sowie ein Abstand von etwa einem Zentimeter zwischen den Brettern sind ideal für die Verarbeitung. Man kann bei diesen Größen eine Modulbauweise anwenden (siehe Tipps), die eine Verschraubung der Stegbretter von unten ermöglicht. Dies ist nicht nur optisch schön, sondern schützt auch vor Verletzungen. Bei der Berechnung des Bedarfs von Stegbrettern sollte man auch gleich Ersatzbretter für spätere Reparaturen einkalkulieren. Die Unterkonstruktion von Stegen und Brücken aus Holz kann man aus Kanthölzern selbst anfertigen. Der Fachhandel bietet aber auch auf Fertigbausätze. Viele auf Teichzubehör spezialisierte Firmen haben Fertigstege und Fertigbrücken aus Holz oder anderen Materialien (Stahl oder Eisen, selten auch Kunststoff) in ihrem Sortiment. Aufgrund der sicher errechneten Statik solcher Konstruktionen ist man in der Regel gut damit beraten und spart eine Menge Zeit. Die meisten Hersteller sind außerdem auf die Anfertigung von Sondermaßen eingestellt. Besonders elegant wirken Brücken, die sich in einem leicht gekrümmten Bogen über den Teich spannen. Da sie besonders schwierig zu konstruieren sind, empfiehlt es sich für ungeübte Handwerker, auf Fertigprodukte auszuweichen. Wer jedoch selbst Hand anlegen will, muss darauf achten, den Radius der Bogenbrücke nicht zu klein zu wählen, da sonst wenig komfortable Steigungen entstehen können. Eine sehr schlichte Brückenkonstruktion besteht aus einfachen, breiten Holzbohlen, die an beiden Enden auf ein Betonfundament oder entsprechend gegründete Steinstufen aufgelegt werden. Solch ein einfacher Steg sieht am schönsten aus, wenn er nur knapp oberhalb der Wasseroberfläche über den Teich führt. Da Stege vor allem im Frühjahr und im Herbst rutschig sein können, werden gern geriffelte Stegbretter verwendet. Generell wird man Stege bei feuchter Witterung nur mit Vorsicht oder gar nicht betreten.

Stützpfosten für Stege

Stützende Pfosten von Stegen im Schwimm- oder Regenerationsbereich sollten in ein Fundament aus Magerbeton gesetzt werden. Pfostenschuhe aus verzinktem Stahl mit Fertigfundament sind eine praktische Alternative. Sollte sich ein stützender Pfosten im Wasser nicht verhindern lassen, ist eine sichere Pfostenabstützung oberstes Gebot. Hierbei kommt es darauf an, die Standfläche der Pfosten zu vergrößern, damit sie die Teichabdichtung (Folie) nicht verletzten und sicher stehen, ohne zu wackeln. Die einfachste Methode – ebenen Grund vorausgesetzt – ist die Verwendung eines alten Autoreifens, der mit Beton ausgegossen und in dessen Zentrum der Pfosten platziert wird. Der gut ausgetrocknete „Betonreifen" samt Pfosten wird auf eine dicke Folie oder ein Vlies auf den Teichboden gestellt. Eine kostengünstigere Lösung gibt es nicht. Die Befestigung der Brückenenden ist weniger problematisch. Sie werden beiderseits in Betonfundamente am festen Land gesetzt. Nur bei langen Brücken, die ausschließlich bei sehr groß dimensionierten Teichen vorkommen, ist eine zusätzliche Pfostenabstützung im Wasser erforderlich.

> **GUT ZU WISSEN**
>
> **Tipps für einen sicheren Auftritt**
>
> Brücken und Stege müssen mindestens 60 Zentimeter breit sein, damit sie bequem und gefahrlos begehbar sind. Ein Geländer macht vor allem Brücken sicherer. Damit ein Geländer seine Funktion erfüllen kann, muss es stabil befestigt werden und mindestens einen Meter hoch sein. Ein wackeliges Geländer wiegt den Besucher in trügerischer Sicherheit und ist manchmal gefährlicher als gar kein Geländer. Wenn Wege an die Brücke oder den Steg bündig anschließen, entstehen keine Stolperfallen. Sind dennoch Stufen nötig, müssen sie gut erkennbar, breit und tief genug sein, so dass ein bequemer Auftritt möglich ist. Sind kleine Kinder im Garten, werden Stege oder Brücken natürlich beliebte Spielplätze. Gern lassen die kleinen Abenteurer Hände und Füße ins Wasser baumeln oder greifen nach Fröschen oder Molchen, was zu gefährlichen Situationen führen kann.

Sonnendecks am Teich

Es ist ein besonderes Erlebnis, auf warmen Holzplanken zu liegen und den Arm über den Rand ins frische, kühle Wasser hängen zu lassen. Von diesem trockenen Beobachtungsposten aus kann man entspannt und bequem die Lichtreflexe auf dem Wasser, das muntere Treiben der Libellen in der Luft und das Leben im Schwimmteich beobachten. Solch ein Platz zum Faulenzen lässt Urlaubsgefühl pur aufkommen und hat einen garantierten Erholungswert.

Variationen eines Themas

Meistens handelt es sich bei Sonnendecks um rechteckige Plattformen aus parallel zueinander liegenden Holzlatten oder -brettern, die im rechten Winkel auf Trägerbalken (Pfetten) aufliegen. Durch kleine Zwischenräume von knapp einem Zentimeter kann das Regenwasser abfließen, ohne dass die Füße von Gartenmöbeln in den Spalten stecken bleiben. Bei der Wahl des Holzes muss auf die Übereinstimmung mit dem bei den Stegen verwendeten Material geachtet werden.

Neben dem klassischen rechteckigen Sonnendeck sind unzählige Variationsmöglichkeiten denkbar: rechtwinklig abknickende Sonnendecks, achteckige oder kreisrunde Konstruktionen, Sonnendecks mit diagonal aufgesetzten Planken oder mit eingelassenen Pflanzinseln und vieles mehr. Bei der Kombination von rechtwinkliger und kreisrunder Verlegung können die Übergänge sehr tückisch sein. Wer wenig Erfahrung mit Holzverarbeitung hat, sollte auch hier einen Fachmanns heranziehen, da der Holzverschnitt sonst enorm sein kann, ohne dass man ein befriedigendes Ergebnis erreicht.

Wichtig bei allen Konstruktionen ist ein stabiler Unterbau, damit die Stützpfosten keinen direkten Erdkontakt haben und das Sonnendeck stabil und waagerecht steht. Damit das Erlebnis des Wassers ein unmittelbares bleibt, darf das Sonnendeck auch nicht zu hoch über der Wasseroberfläche liegen. Ein nur wenige Zentimeter über dem Teich angebrachtes Deck hat außerdem den Vorteil, dass der unattraktive Unterbau verdeckt wird und sich nur die Sonne, aber nicht das Deck im Wasser spiegelt. Wird unter dem Deck eine wasserdurchlässige Spezialfolie verlegt, verhindert sie das Aufkommen unerwünschter Spontanvegetation.

Neben dem Freizeitwert, den ein Sonnendeck bietet, eignet es sich auch hervorragend, um eventuell vorhandene Teichtechnik zu verbergen. Der Zugang zu einem Pumpenschacht unter dem Deck wird durch einen aufklappbaren Teil der verlegten Bretter ermöglicht. Diese Lösung erspart die Platzierung des Schachts in einem anderen teichnahen Teil des Gartens.

Je großzügiger ein Sonnendeck angelegt wird, desto höher ist der Freizeitwert.

Sonnendecks selber bauen

Sonnendecks gleichen in der Konstruktion den ins Wasser ragenden Holzstegen, aber in der Regel sind sie deutlich breiter, um reichlich Platz zum Sonnenbaden und Faulenzen zu bieten. Anders als bei Stegen wird die dem Wasser zugewandte Seite des Holzdecks auf eine knapp über den Wasserspiegel hochgezogene, mit Teichfolie isolierte Mauer platziert und zum Wasser hin mit einem Blendbrett versehen, um die Mauer zu verbergen.

Fertige Sonnendecks sind leider nur selten im Handel erhältlich. Die handelsüblichen Holzfliesen mit einem Kantenmaß von 0,5 x 0,5 Meter eignen sich für die Konstruktion von Sonnendecks nicht besonders gut und stehen auch durch die Imprägnierung im Widerspruch zur Idee des natürlichen Schwimmteichs. Stabile, bequeme und attraktive Sonnendecks bestehen aus Brettern, vorzugsweise aus feuchtigkeitsbeständigem, gehobeltem Lärchenholz. Als Unterbau eignen sich Punktfundamente aus Beton mit eingelassenen Gewindestangen. Eine sichere Gründung braucht alle zwei Meter ein Punktfundament. Die Trägerbalken (14 x 7 Zentimeter stark) werden mit einem Loch versehen und auf die Gewindestangen und Punktfundamente aufgesetzt. Unter dem Balken angebrachte Muttern mit Unterlegscheibe ermöglichen es, die Trägerbalken mühelos in die Waagerechte zu bringen. Zuletzt werden die Balken mit einer im Holz versenkten Mutter mit Unterlegscheibe von oben fixiert. Die Methode hat den Vorteil, dass bei Setzungen des Erdreichs Höhenkorrekturen ohne Aufwand vorgenommen werden können.

Die Beplankung mit gehobelten, abgefasten Holzbrettern oder -latten erfolgt in der Regel rechtwinklig. Bei der Befestigung von oben müssen rostfreie Edelstahlschrauben verwendet werden. Auf diese Weise lassen sich einzelne Planken leicht ersetzen, wenn sie beschädigt werden.

Größere und breitere Konstruktionen erfordern mehr als zwei parallel verlaufende Trägerbalken. Bei terrassengroßen Sonnendecks ist ein kassettenförmiger Unterbau nötig. Wie bereits beim Stegbau ist hier die Anwendung der Modulbauweise empfehlenswert. Abgesehen von der nicht sichtbaren Verschraubung der Bretter, können die Module auf einem Sonnendeck auch schachbrettartig aufgelegt werden, was sehr reizvoll wirken kann.

Sitzplätze direkt am Wasser haben einen ganz besonderen Reiz.

Soll das Deck horizontal über die Wasseroberfläche hinausragen, kann ein Trägerbalken über die Mauerbegrenzung hinausgezogen werden, um die Anbringung eines Stützpfostens im Schwimmbereich zu vermeiden. Da solche Konstruktionen aber die Wasserfläche verkleinern und der Wasserbereich unter dem Deck vor allem für Kinder zur Falle werden kann, ist diese Lösung wenig empfehlenswert. Häufig wird für den Bau eines Sonnendecks imprägniertes Weichholz verwendet. Der günstige Preis, die bequeme Verarbeitung und die universelle Verfügbarkeit verleiten zu dieser Wahl, doch muss das Holz oft bald erneuert werden. Wer sich dem ökologischen Gedanken verbunden fühlt – und das ist bei der Mehrzahl der an Schwimmteichen Interessierten der Fall –, etwas mehr Geld investieren kann und eine sowohl ästhetisch anspruchsvolle als auch sehr langlebige Konstruktion anstrebt, wird mit Lärchenholz arbeiten. Abschließend noch eine Empfehlung: Beauftragen Sie einen Fachmann mit dem Bau. Neben der Ersparnis an Zeit und Nerven erhält man so ein stabiles, wirklich schönes Sonnendeck.

Leitern und Treppen

Zum vollendeten Komfort des Schwimmteichs trägt der bequeme Ein- und Ausstieg bei. Da der Schwimmbereich in der Regel so tief ist, dass der Schwimmende sich nicht vom Boden abstoßen kann, wird das Aus-dem-Wasser-Steigen ohne Leiter oder Treppe oft zu einer ungewollten Turnübung. Es ist auch nicht jedermanns Sache, mit einem Sprung ins Wasser zu tauchen. Eine Einstiegshilfe ist deshalb eigentlich obligatorisch und sollte von Anfang an eingeplant werden. Ein nachträglicher Einbau ist kompliziert, da hierfür der Wasserspiegel abgesenkt werden muss.

Eine einfache Leiter ist die kostengünstigere und sportlichere Lösung. Handelsübliche Edelstahlleitern, die am Steg oder Sonnendeck sicher verankert werden können, sind eine gute Wahl. Besser zum Holzdeck passen natürlich Holzleitern, die wie Edelstahlleitern am Deck gut verankert werden und am unteren Ende Distanzleisten zur senkrechten Mauer haben müssen, um eine senkrechte Stellung zu gewährleisten.

Treppen als Einstieg

Die bequemere und auch stabilere Alternative zur Leiter ist die Treppe. Diese sollte vom Fachmann gefertigt und mit einem Handlauf versehen sein. Sieben Stufen genügen zum Losschwimmen und Abstoßen. Nach der letzten Stufe sorgen bis zum Teichboden senkrecht verlaufende Bretter für ausreichende Stabilität. Sie fußen in einer mit Steinen beschwerten Holzwanne, was den Auftrieb der Treppe verhindert. Die große Auflagefläche der Wanne beugt – im Gegensatz zur punktförmig aufsetzenden Leiter – einer Beschädigung der Teichfolie am Grund vor. Am oberen Ende wird die Treppe am Blendbrett unterhalb des Decks oder Stegs fixiert. Da die Auftrittsflächen bei Leitern und Treppen durch die Feuchtigkeit zwangsläufig rutschig werden, kann ein auf der Oberseite angebrachtes, rostfreies Riffelblech ein Ausrutschen verhindern. Sowohl Leiter als auch Treppe müssen vor dem Fluten des Teichs montiert werden. Eine besonders ele-

Leitern als Einstiegshilfe sind praktisch und sparen Platz.

Eine Holztreppe führt Schritt für Schritt in den Schwimmteich.

GUT ZU WISSEN

Holzarten für Stege, Brücken und Sonnendecks

▶ **Kiefer**

Häufig im Freiland verwendetes Nadelholz, leicht zu verarbeiten und relativ preiswert. Haltbarkeit: 8 bis 10 Jahre.

▶ **Lärche**

Heimisches, festes Nadelholz, gute Wetterbeständigkeit. Mittlere Preisklasse. Haltbarkeit: 10 bis 12 Jahre. Heimische Gebirgslärche ist geringfügig teurer und von längerer Haltbarkeit: bis 15 Jahre.

▶ **Rotzeder**

Das rötliche, feste Holz der kanadischen Rotzeder („Red Cedar") ist sehr witterungsbeständig, aber relativ teuer. Haltbarkeit: 12 bis 15 Jahre.

▶ **Eiche**

Traditionelles und robustes, einheimisches Hartholz, das im Freien relativ beständig ist, was den hohen Preis rechtfertigt. Haltbarkeit: 15 bis 20 Jahre.

▶ **Robinie**

Die relativ gute Witterungsbeständigkeit und Härte macht Robinienholz zu einer guten, aber fast ebenso teuren Alternative zu tropischen Hölzern. Haltbarkeit: 15 bis 20 Jahre.

▶ **Eukalyptus**

Seit einigen Jahren als fast gleichwertiger, aber etwas preiswerterer Ersatz für Teak in Mode. Haltbarkeit: 15 bis 20 Jahre.

▶ **Bangkirai**

Ein hartes, feinporiges Tropenholz aus Indonesien und Malaysia, das sehr formbeständig ist und durch Witterungseinflüsse im Laufe der Zeit ergraut. Haltbarkeit: 15 bis 25 Jahre. Aus ökologischen und humanitären Gründen sollte nur Tropenholz mit dem FSC-Siegel aus kontrolliert nachhaltiger Plantagenwirtschaft verwendet werden. Das Gleiche gilt für andere Tropenhölzer.

▶ **Bongossi (Azobe)**

Ein sehr hartes, dichtfaseriges, schweres Tropenholz, das elastisch und witterungsbeständig ist. Das dunkelbraune, durch Witterungseinflüsse vergrauende Bongossi-Holz wird weder von Insekten noch von Bohrmuscheln befallen und eignet sich daher gut als Wasserbauholz und zum Bootsbau. Haltbarkeit: 15 bis 25 Jahre.

▶ **Teak**

Nach wie vor ist Teakholz das beste und witterungsbeständigste, aber auch das teuerste Holz für die Verwendung im Freiland. Es nahezu unverwüstlich. Aus oben genannten Gründen sollte auch Teakholz nur mit dem FSC-Siegel aus kontrolliert nachhaltiger Plantagenwirtschaft verwendet werden.

gante und pfiffige Treppenlösung ist der Einstieg in der Ecke des Schwimmbereichs. Diese Variante sollte aber ausschließlich vom Fachmann ausgeführt werden. Als Werkstoff empfiehlt sich Lärchenholz, das im Wasser eine besonders lange Lebensdauer hat. Weder Holzleiter noch -treppe werden im Winter abmontiert.

Deutlich aufwändiger sind Einstiegslösungen aus Beton oder Naturstein. Hinzu kommt, dass auch diese Materialien sehr rutschig werden können und noch keine befriedigende Lösung für dieses Problem gefunden wurde. Der Pflegeaufwand ist hier deshalb auch bedeutend höher als bei der Holzvariante.

Der Werkstoff Holz

Das am häufigsten für Stege, Brücken und Sonnendecks verwendete Material ist Holz. Es sollte nur naturbelassen eingesetzt werden. Die Vorzüge dieses praktischen und handlichen, vor allem aber schönen Baustoffes werden durch einige wenige Nachteile etwas eingeschränkt. Nasse Holzoberflächen werden unvermeidlich rutschig. Ein dauerhafter Wasserkontakt, etwa bei den Stützpfosten der Stege oder bei Leitern und Treppen, über die man ins Wasser steigt, lässt die meisten preiswerten Hölzer rasch faulen. Eine Imprägnierung kann den Verrottungsprozess verzögern, widerspricht aber dem Prinzip des natürlichen Schwimmteichs. Bitumenhaltige Imprägnierungen sind absolut tabu. Kesseldruckimprägnierte Hölzer (meistens weiche Nadelhölzer wie Kiefer oder Fichte) geben die bei der Imprägnierung verwendeten Salze laut Herstellerangaben nicht mehr an das Teichwasser ab, wenn sie vor dem Verbauen mehrere Wochen bei Raumtemperatur (15 bis 20 °C) abgelagert werden. Dennoch wird die Verwendung solcher Hölzer kritisch diskutiert, da sie bei der Entsorgung zum Sondermüll zählen. Eine Alternative ist so genanntes Thermoholz. Durch eine Hitzebehandlung mit deutlich mehr als 100 °C verbessert sich die Dimensionsstabilität von Laub- oder Nadelhölzern. Sie werden widerstandsfähiger gegen Holzzersetzungsprozesse wie Pilzbefall und sind formstabiler als unbehandeltes Holz. Außerdem weisen sie diese Eigenschaften, anders als kesseldruckimprägniertes Holz, auch im Inneren des Werkstückes auf. Am häufigsten wird von Schwimmteichbauern das heimische Lärchenholz eingesetzt, das auch ohne Imprägnierung relativ witterungsbeständig ist.

Bei allen stark gerbsäurehaltigen Holzarten wie Eiche, Robinie, Bongossi und anderen Tropenhölzern empfiehlt sich die Verwendung von Edelstahlverbindungen.

„Kunstholz"

Relativ neu auf dem Markt sind kunststoffgebundene Holzwerkstoffe, so genannte Wood Plastic Composites (WPC). Der bis zu 90 Prozent aus Holzpellets oder -spänen bestehende synthetische Werkstoff wird mit Polypropylen (PP) bzw. Polyethylen (PE) gebunden und in verschiedenen Produktformen gehandelt. WPC ist resistent gegen Insekten- und Pilzbefall, verrottungsbeständig und leicht zu bearbeiten. Es splittert und reißt nicht, ist absolut pflegeleicht und konkurriert dank dieser Eigenschaften beim Einsatz im Teichbau mit den Tropenhölzern. Ein Problem stellt, wie bei allen synthetischen Stoffen aus Mischkomponenten, die Entsorgung dar.

Edelstahl ist eine nicht rostende, dauerhafte Alternative zu Holz. Er passt vor allem zu Anlagen, bei denen auf modernes Design Wert gelegt wird und bei denen auch beim Wohnhaus viel Glas und Stahl verwendet wurde.

Holz ist das bevorzugte Material sowohl für tragende Konstruktionen als auch für Gartenmöbel.

Rechts *Die Vorzüge von Holz zeigen sich auch bei öffentlichen Schwimmteichen wie hier in Gütersloh.*

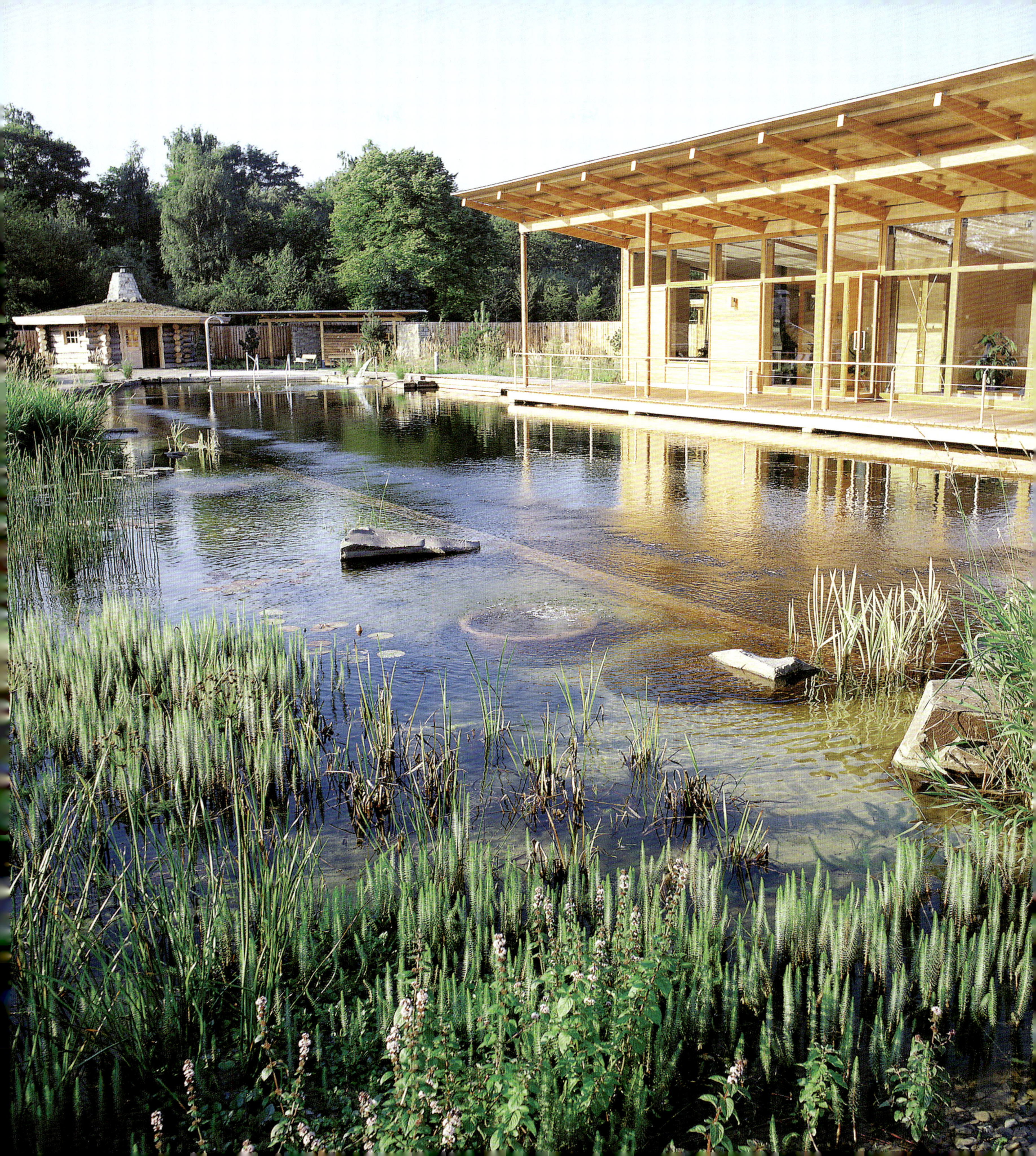

Platz zum Erholen und Genießen

Terrassen, Sitzplätze, Ruhezonen und Sonnendeck steigern den Erholungswert eines Schwimmteiches um ein Vielfaches. Entspannt lassen sich von einem Sitzplatz am Ufer aus das Leben am und im Teich und das Spiel des Sonnenlichts auf der Wasseroberfläche beobachten. Durch diese Ruhezonen wird der Schwimmteich zu einem Treffpunkt für Freunde und Besucher, wo man gelassen einen sommerlichen Nachmittag oder einen Abend bei Kerzenlicht verplaudern oder die Zeit allein mit einem guten Buch verbringen kann. Sitzplätze und Terrassen erweitern die Teichlandschaft optisch und geben ihr mehr Weite. In jedem Fall lohnt es sich, diese Plätze mit einem Wegebelag zu befestigen und mit einer stimmigen Bepflanzung einzurahmen. So richtig gemütlich wird es schließlich mit bequemen Gartenmöbeln, die zum Freizeitcharakter der Anlage beitragen und diesen wertvollen Teil des Gartens noch einladender machen.

Übrigens eignet sich nicht nur die warme Jahreszeit für gesellschaftliche Aktivitäten rund um den Schwimmteich. Ist er groß genug, können im Winter Freunde zum Eislaufen oder zum Stockschießen eingeladen werden. Statt kühler Getränke wird dann eben Glühwein oder Punsch serviert. Fackeln machen sich auch in der abendlichen Schneelandschaft des Gartens wunderschön und laden Freunde schon von weitem zur Eis-Fete ein.

Terrassen und Sitzplätze

An warmen Sommertagen sind die „Wohnzimmer im Freien", wie sie auch oft genannt werden, einfach unersetzlich: Den ganzen Tag über bieten Sitzplätze und Terrassen am Schwimmteich einen Ort zum Ausruhen und Sonnenbaden. Kinder finden dort einen Platz zum Spielen, Badegäste zum Ablegen von allerlei Utensilien. Von dort aus kann man ins kühlende Nass steigen oder sich beim Herausklettern am befestigten Ufer abtrocknen. Abends und in der Nacht sind sie Orte für ein gemütliches Dinner zu zweit oder für gesellige Treffen mit Freunden. Sie bilden praktisch den Kopf der Anlage, wo sich die Aktivitäten der Badenden und der Besucher konzentrieren und von wo aus man schwimmend Ausflüge in den Teich unternehmen kann. Dementsprechend ist ein von der Sonne verwöhnter Standort genau richtig. Wo die Sonnenstrahlen zu heiß brennen, spenden Sonnensegel oder Sonnenschirme Schatten.

Sitzen am Wasser

Reicht die befestigte Terrasse direkt bis ans Wasser, ist ein unmittelbares Erforschen der faszinierenden Teichwelt von diesem Posten aus möglich. Holzterrassen können sogar leicht überkragen und den Effekt hautnahen Erlebens noch verstärken. Wenn sich der Schwimmteich in direkter Nachbarschaft zum Wohnhaus befindet, wird er durch eine Terrasse an die Architektur angebunden und bietet dann ein ganzjähriges Erlebnis. Weiter vom Haus entfernte Schwimmteiche benötigen eine „Infrastruk-

Sitzplätze am Teich sollen freundlich, gut befestigt und mit bequemem Mobiliar ausgestattet sein.

GUT ZU WISSEN

Klassische Pflastermaterialien

- **Klinkerpflaster** besitzt eine unprätentiöse, rustikale Ausstrahlung. Nachteil: Bei feuchter Witterung siedeln sich gern Algen auf der porösen Oberfläche an und sie wird rutschig.
- **Natursteinplatten** sind besonders elegant. Man kann sie im Polygonalverband oder als genormte Platten verlegen. Ungeschliffene Oberflächen haben den Vorteil, dass sie nicht rutschig werden. Häufig verwendete Sorten sind Granit, Sandsteinarten und Porphyr.
- **Natursteinpflaster** besitzt eine ländliche Ausstrahlung und ist sowohl in der Farbe als auch in der Form sehr variabel. Die kleinteilige Pflasterung kann unter Umständen zu etwas unebenen Oberflächen führen. Gern werden Granit, Basalt oder Porphyr verwendet. Manchmal kann man auch gebrauchtes Katzenkopfpflaster bekommen, das einen ganz besonderen Charme hat.
- **Kunststeinpflaster** ist sehr vielseitig, leicht zu verlegen, universell verfügbar und pflegeleicht. Leider passen sich viele Sorten schlecht in naturnahe Gestaltungen ein. Inzwischen gibt es aber auch Kunststeinpflaster, das durch unregelmäßige Kanten und farbliche Variationen den Charakter von Natursteinpflaster überzeugend nachahmt.
- **Kombinationen aus Natur- und Kunststeinpflaster** können sehr attraktiv wirken. Sogar die wenig schönen Waschbetonplatten können in Kombination mit Natur- oder Kunststeinpflaster eine Neubewertung als Pflastermaterial erfahren. Die Kombination gebrauchter Pflastermaterialien ist eine Möglichkeit, Sitzplätze und Terrassen möglichst preiswert und dennoch attraktiv zu befestigen.
- **„Weiche Materialien"** wie Kies, Sand, Splitt oder Rindenmulch eignen sich besonders für legere Sitzplätze am Teich, die etwas weiter weg vom Haus angelegt werden. Das lockere Material drückt Naturnähe aus und kann eine Entsprechung im Wegebelag finden.

tur", verdienen also ihren Sitzplatz. Dessen dauerhafte Befestigung ist genauso sinnvoll wie die einer Terrasse in Wohnhausnähe. Je weiter der Teich vom Haus entfernt ist, desto zwangloser darf sie jedoch ausfallen. Wo man Gartenmöbel längerfristig aufstellt und nicht möchte, dass sie wackeln oder in den Boden einsinken, ist eine dauerhafte Befestigung des Bodens mit Pflastermaterial sinnvoll.

Praktische Terrassenplanung

Sitzplätze können so angelegt werden, dass sie dem Teichufer in sanftem Schwung folgen; sie können sich aber auch bis in den Teich hineinschieben und dadurch fast einen Inselcharakter bekommen. Schon bei der Planung sollte man berücksichtigen, dass von Terrassen überragte Wasserflächen die Baukosten in die Höhe treiben. Bei einem starken Gefälle des Geländes kann der Aushub für die hangseitige Aufschüttung und die Errichtung eines Sitzplatzes auf Wasserniveau verwendet werden. Natursteinmauern zur Abstützung der Böschung werden so gesetzt, dass Terrassen neben dem Teich ihren Platz finden.

Welcher Stil, welcher Bodenbelag?

Der Stil des Gartens und der Charakter des Schwimmteiches bestimmen die ästhetischen Entscheidungen bezüglich des Befestigungsmaterials. Einen harmonischen Eindruck erzielt man, wenn man sich dabei an den beim Hausbau verwendeten Materialien, Farben und Texturen orientiert. Je formaler die Gartengestaltung ausfällt, desto strenger dürfen die Formen des Pflastermaterials für den Sitzplatz sein. Je natürlicher der Charakter des Teichgartens, desto rustikaler kann auch der Bodenbelag für die Terrasse oder den Sitzplatz sein. Bei letzteren genügt in der Regel eine so genannte „Trockenverlegung" der Steine in eine Sandschicht, die wegen der besseren Dränage auf ein Schotterbett aufgebracht wird. Für einen wirklich festen Halt der Steine, zum Beispiel bei einer Terrasse am Haus oder einer streng formalen Anlage, empfiehlt sich die Verlegung des Pflastermaterials in ein Bett aus Magerbetongemisch. Generell gilt: Je kleiner die verlegten Steine sind, desto eher wird man sie in einem Bett aus Magerbeton verlegen, um einen möglichst stabilen und dauerhaft ebenen Untergrund zu erhalten.

Beständige Pflastermaterialien

Ganz gleich, auf welches Material die Wahl fällt: Die verwendeten Werkstoffe müssen frostbeständig und, im Fall von Kunststeinen, auch abriebfest sein. Normale Ziegelsteine sind in der Regel nicht winterfest, weil in die poröse Oberfläche leicht Wasser eindringen kann und den Stein bei Frost sprengt. Beständiger sind hart gebrannte für die Verwendung im Freiland gedachte Klinker. Schiefer und einige andere Natursteine haben die unerwünschte Eigenschaft, bei jedem Betreten etwas mehr abzubröckeln. Nach einiger Zeit ist nicht mehr viel übrig vom Stein. Gute, beständige Natursteine sind daher teuer, aber langfristig lohnt sich die Investition. Regional anstehende Steinsorten sind meistens preiswerter als Importware und passen sich von Natur aus harmonisch in die Umgebung ein. Eine Befestigung von Sitzplätzen oder Terrassen mit Holzplanken oder Holzpflaster ist weniger witterungsbeständig. Nur imprägniertes Holz, das regelmäßig gepflegt wird, oder teures Tropenholz gewährleisten eine längere Lebensdauer des Materials. Damit es nicht durch Moose und Algenbeläge rutschig wird, muss es häufiger mit einer Bürste gereinigt werden.

Sitzplätze in den Garten einbinden

Pflanzen rahmen Sitzplätze und Terrassen nicht nur ein, sie schaffen auch eine harmonische Anbindung an den Schwimmteich und den Garten. Hierbei kommt natürlich Stauden und Solitärgehölzen eine tragende Rolle zu. Bodendecker und Polsterpflanzen überspielen Grenzen, hohe Stauden und Ziergehölze schaffen einen Hintergrund, der Geborgenheit und Intimität vermittelt. Ebenfalls eine private Atmosphäre entsteht, wenn Sitzplätze in Teichnähe nicht einfach im offenen Gelände entstehen, sondern von einem Erdwall oder einer Trockenmauer hinterfangen werden.

Zur Anlage und Bepflanzung kommt die Dekoration. Auch die Wahl der Sitzmöbel ist ein entscheidendes Gestaltungskriterium. Wenn sie wetterfest sind, können sie den ganzen Sommer hindurch im Freien bleiben. Dauerhafte, robuste Gartenmöbel gibt es aus Eisen oder Stahl, aus verschiedenen Harthölzern und aus Kunststoff. Letztere sind schon für wenig Geld erhältlich, aber nicht unbedingt attraktiv. Freizeitmöbel aus Korbgeflecht sind sehr stilvoll, überstehen aber leider feuchte Wetterperioden nur schlecht. Eine Alternative sind Geflechtmöbel, bei denen der natürliche Werkstoff Weide oder Rattan durch optisch kaum zu unterscheidende Kunststoffmaterialien ersetzt wurde.

Kübelpflanzen dürfen natürlich auf keiner Terrasse fehlen. Auch Sitzplätze gewinnen durch ihre markante Präsenz. Wenn man bei den an und auf der Terrasse verwendeten Kübel- und Beetpflanzen auf Duft, Blüten- und Fruchtschmuck, besonders interessantes Laub oder eine attraktive Herbstfärbung achtet, bieten sie eine zusätzliche Anregung für die Sinne.

Eine intime Atmosphäre entsteht am Sitzplatz durch eine rahmende Kulisse aus Gehölzen.

Den Schwimmteich in den Garten integrieren

Damit ein Schwimmteich richtig zur Geltung kommt und kein Fremdkörper im Garten bleibt, ist seine stimmige Einbindung in die Umgebung wichtig. Ganz gleich, ob sich eine Blumenwiese oder Rasenfläche, eine Strauch- oder Staudenrabatte, ein Uferweg oder ein befestigter Sitzplatz anschließen: In jedem Fall zahlt sich eine überlegte und sorgfältige Planung rund um den Teich aus. Einen Schwimmteich zwischen Gemüsebeeten und die Zufahrt zur Garage einzuquetschen hat keinen Sinn und schmälert nicht nur den optischen Genuss, sondern geht auch auf Kosten der Nutzbarkeit des Badegewässers. Schließlich möchte man nach dem Bad im Teich auch in der Sonne ausruhen und in einer angenehmen Umgebung entspannen.

Eine Frage des Geschmacks

Dass zu rustikalen Landhäusern kein streng formaler Designergarten passt und zu modernen Bungalows mit Glas und Edelstahloptik kein kunterbunter Bauerngarten, sollte jedem klar sein. Genauso verhält es sich mit dem Schwimmteich im Garten. Formal angelegte Schwimmteiche mit klaren, geometrischen Formen verlangen daher eine Entsprechung in Form von geraden, funktionalen Wegen und Plätzen, die sie an die Architektur des Hauses anbinden. Naturnah gestaltete Schwimmteiche mit weichen Ufern hingegen brauchen eher fließende Übergänge und geschwungene Linien, damit sie nichts von ihrem Charme verlieren.

Der Schwimmteich greift die Konturen der Beeteinfassungen und die Kugelgestalt der Formschnittgehölze auf.

Obwohl bei der Gestaltung viel von der Bepflanzung abhängt, kommt auch der Wahl der Materialien eine entscheidende Bedeutung zu. Generell gilt: Zu viele verschiedene Materialien, Farben und Strukturen wirken unruhig und zerstören die Harmonie der Anlage. Empfehlenswert und sinnvoll ist die Verwendung ähnlicher Baustoffe und Strukturen für den Garten, die Wegebefestigung und den Sitzplatz wie beim Wohnhaus.

Akzente setzen

Bei der Befestigung von Sitzplatz, Wegen und Teicheinfassung erreicht man einen harmonischen, ruhigen Eindruck, wenn möglichst nur eine Steinsorte verwendet wird. Eine zweite Steinsorte kann Verwendung finden, um Akzente zu setzen.

Holzdecks und -stege sowie hölzerne Plankenwege sind eine attraktive Alternative zur Befestigung der Anlage und passen sowohl zu einer naturnahen Gestaltung wie auch zu formalen Konzepten. Sie sollten in jedem Fall rutschsicher sein, was in der Regel durch eine geriffelte Oberfläche erreicht wird. Eine attraktive Bepflanzung kann zusätzliche Akzente setzen. Geeignete Accessoires sind neben Sitzmöbeln vor allem Vasen und Kübel. Sie können mit Pflanzen bestückt werden oder, wenn sie mit schönen Formen und Oberflächenstrukturen aufwarten, auch unbepflanzt ihre Wirkung entfalten. Mehrere Kübel ähnlicher Größe und Form, die in Sichtweite zueinander aufgestellt werden, schaffen optische Verbindungen und schließen die Anlage zusammen.

Korrespondenzen schaffen

Die Einbettung in die Umgebung gelingt umso besser, je mehr man sich bei der Ufergestaltung an bereits vorhandenen Strukturen orientiert. Mit kleinen Gehölzgruppen in Ufernähe können optische Korrespondenzen zu größeren Strauch- oder Baumgruppen auf dem Grundstück oder in der unmittelbaren Nachbarschaft geschaffen werden. Die vertikale Akzentuierung der ansonsten meist recht ebenen Umgebung des Schwimmteiches ist hierbei ein wichtiges Gestaltungselement.

Grundstücke in Hanglagen ermöglichen die Anlage eines künstlichen Bachlaufes, der in den Schwimmteich mündet. Werden die Ufer des Bachlaufes mit Kiesbuchten, Findlingen und einer adäquaten Uferbepflanzung gestaltet, ist dies eine perfekte Fortsetzung des vom Schwimmteich vorgegebenen Wassermotivs.

Auch leise vor sich hinplätschernde Quell- und Sprudelsteine oder fest installierte Stand- oder Wandbrunnen variieren das Thema Wasser und schaffen so eine Anbindung an die Teichlandschaft. Wenn Sie den technischen Aufwand für solch eine Anlage scheuen, bieten kleine Fass- oder Trogteiche sowie Miniatur-Wassergärten am Sitzplatz oder auf der Terrasse eine reizvolle und unproblematische Alternative.

Ein Blickfang kann zum Beispiel eine schöne Terrakottavase, aber auch eine hübsche Bepflanzung sein.

Attraktive Uferbepflanzung

Schwimmteiche werden erst durch eine gelungene Bepflanzung des Regenerationsbereichs wirklich attraktiv und in den Garten eingebunden. Besondere Beachtung verdient hierbei der Randzonenbereich, also das unmittelbare Ufer, das an die offene Wasserfläche angrenzt. Schon in den Flachwasserbereichen ist die Ansiedlung verschiedener Blüten- und Blattschmuckpflanzen möglich. Für einen guten Übergang zum „Festland" und farbige Akzente sorgen zum Beispiel verschiedene Sumpfschwertlilien *(Iris pseudocorus, I. laevigata, I. virginica* und *I. ensata)*, Sumpfkalla *(Calla palustris)* und Hechtkraut *(Pontederia cordata)*. Sie sind außerdem als Klärpflanzen wichtig und kaschieren die Linie, an der die Flachwasserzone in Sumpf- und Kiesbereiche übergeht. Unterstützt werden sie von Rohrkolben *(Typha* spec.*)*, Kalmus *(Acorus calamus)* und anderen typischen Flachwasserpflanzen.

Im feuchten Uferschlamm gedeihen neben so attraktiven Blütenpflanzen wie Sumpfdotterblume *(Caltha palustris)*, Amerikanischer Scheinkalla *(Lysichiton americanus)* und Blutweiderich *(Lythrum salicaria)* zahlreiche niedrige oder kriechend wachsende Pflanzen wie Sumpfvergissmeinnicht *(Myosotis palustris)*, Pfennigkraut *(Lysimachia nummularia)* und Sumpfwolfsmilch *(Euphorbia palustris)*. Die genannten Arten sind Stauden, also mehrjährige Pflanzen, die im Frühjahr austreiben und im Herbst bis auf den Wurzelstock absterben. Im nächsten Frühjahr bilden sie wieder frische Triebe, vorausgesetzt die Staude ist auch wirklich winterhart. Nicht winterharte, aber dennoch mehrjährige Uferpflanzen wie Zimmerkalla *(Zantedeschia aethiopica)* oder die Papyrusstaude *(Cyperus papyrus)*, die sich im Flachwasserbereich genauso wohl fühlen wie im feuchten Uferschlamm, pflanzt man am besten in Kübel, um sie im Herbst leicht transportieren und für eine frostfreie Überwinterung in Sicherheit bringen zu können. Sie sind trotz der zusätzlichen Mühe, die sie machen, eine Bereicherung für die Anlage und ziehen mit Sicherheit bewundernde Blicke auf sich. Überwintert werden sie wie alle Kübelpflanzen in einem hellen, frostfreien Raum. Die Raumtemperatur sollte etwa 10 °C betragen.

Uferbepflanzung

Unverzichtbar sind bei der Uferbegrünung Sumpf- und Teichrandpflanzen, die durch ihre Bedürfnisse und ihren Habitus optimal für eine derartige Vegetationszone geeignet sind. In der Regel handelt es sich auch hier um Stauden, was die Bepflanzung zu einer einmaligen Investition macht, die sich über die Jahre auszahlt. Einige schöne Vertreter wie Tafelblatt *(Astilboides)*, Greiskräuter *(Ligularia*-Arten*)* und Schildblatt *(Darmera)* haben attraktive, große Blätter, die eine fast tropische Üppigkeit ausstrahlen. Andere warten mit zierlichem, grasähnlichem Laub auf, darunter Wiesenschwertlilien *(Iris sibirica)*, Seggen *(Carex* spec.*)* und Taglilien *(Hemerocallis*-Hybriden*)*. Farbige Akzente setzen Nelkenwurz *(Geum* spec.*)*, Primeln *(Primula*-Arten*)*, Felberich *(Lysimachia* spec.*)*, Prachtspieren *(Astilbe*-Hybriden*)* und Blutweiderich. Ist der Boden jenseits der Teichränder weniger feucht (wie dies bei den meisten Folienteichen der Fall ist) kann dennoch ein entsprechender Eindruck suggeriert werden, wenn Pflanzen wie Bergenien *(Bergenia*-Hybriden*)*, Schaublatt-Arten *(Rodgersia* spec.*)*, Farne und Fun-

Abwechslungsreich bepflanzte Staudenrabatten rahmen den Schwimmteich stilvoll ein.

Feuchtbodenpflanzen

Taglilie (Hemerocallis-Hybride)
Taglilien sind recht winterhart, die meisten können den ganzen Tag in voller Sonne stehen. Lediglich für die leuchtend gefärbten Sorten empfiehlt sich ein halbschattiger Standort, damit die Blüten nicht ausbleichen. Im Handel sind viele hundert Sorten in allen Farben erhältlich. Blütengröße und Wuchshöhe sind variabel.

Kreuzkraut (Ligularia dentata 'Desdemona')
Die winterharten, krautigen Stauden stammen aus dem gemäßigten Europa und Asien. Sie gedeihen am besten in feuchtem Boden an einem geschützen Platz in voller Sonne. Die Vermehrung erfolgt durch Teilung im Frühjahr. Die Sorte 'Desdemona' hat große, violett überhauchte Blätter und orangefarbene Blüten.

Krötenlilie (Tricyrtis hirta)
Die Krötenlilie ist wesentlich attraktiver, als ihr Name es vermuten lässt. In Wahrheit handelt es sich um hübsche, rhizombildende Stauden mit schönen Farben und Zeichnungen. Die winterharten Pflanzen benötigen einen geschützten, halbschattigen Platz mit feuchtem, tiefgründigem Boden.

Wasserdost (Eupatorium purpureum)
Der Wasserdost ist eine krautige, aus Nordamerika stammende Staude, deren Blätter nach Vanille duften. Er wird bis zu zwei Meter hoch und spielt auch in der Kräuterheilkunde eine Rolle. Wasserdost gedeiht am besten in einem wasserführenden Boden in voller Sonne oder im Halbschatten.

kien (Hosta) Verwendung finden. Markant wirken die riesigen, stark strukturierten Blätter des Mammutblattes (Gunnera manicata) und des Zierrhabarbers (Rheum palmatum). Diese Blattschmukkstauden haben eine großartige Fernwirkung und sollten nur dort gepflanzt werden, wo sie reichlich Platz zu ihrer Entfaltung finden. Das Gleiche gilt für große Gräser wie das Pampasgras (Cortaderia selloana) oder Chinaschilf-Arten (Miscanthus spec.). Sie erreichen nicht nur enorme Ausmaße, sondern dominieren auch rasch die gesamte Anlage. Gräser wie Lampenputzergras (Pennisetum), Rutenhirse (Panicum virgatum), weißbuntes Rohr-Glanzgras (Phalaris arundinacea var. picta) oder Pfeifengras (Molinia) sind ein unverzichtbarer Bestandteil der Uferbepflanzung, da ihre leise im Wind raschelnden Halme und ihr filigranes Gepräge sehr reizvoll sind. Besondere Vorsicht ist jedoch bei Bambus angebracht. Die unterirdischen Wurzelausläufer sind sehr wuchskräftig und durchstoßen mit ihren Spitzen unter Umständen die Folienabdichtung des Teiches. Eine Rhizomsperre kann Schlimmstes verhindern.

Die Kunst der Beetgestaltung

Eine gelungene Bepflanzung ist für Laien eine nicht immer ganz einfache Herausforderung. Die Kunst besteht darin, die Anlage so zu gliedern, dass alle Pflanzen gut zur Geltung kommen, farblich miteinander harmonieren – oder inspirierende Kontraste entstehen – und die Beete die ganze Gartensaison über anziehend wirken. Ein Zusammenspiel von einigen Ziergehölzen, die weder zu groß noch zu raschwüchsig sein dürfen, mit Blüten- und Blattschmuckstauden sowie Farnen, Gräsern und Einjährigen bildet die ideale Mischung für eine abwechslungsreiche, ganzjährig attraktive Uferbepflanzung.

Ziergehölze am Ufer

Der Einsatz von Ziergehölzen am Schwimmteichufer muss mit Vorsicht geschehen. Rasch wachsende Bäume und Sträucher wie zum Beispiel die meisten Weidenarten, Schwarzerlen oder Birken dürfen nur in einiger Entfernung vom Teich gepflanzt werden. Sie beschatten nicht nur bald den gesamten Teich und tragen mit ihrem Falllaub und insbesondere den Blütenkätzchen und Früchten unerwünschte Nährstoffe in das Wasser des Schwimmteiches ein, ihre Wurzeln können mit der Zeit auch die Teichfolie beschädigen. Eine gut eingewurzelte Weide in der Nähe der empfindlichen Teichfolie eines Schwimmteiches zu entfernen ist sehr aufwändig und sollte daher von Anfang an vermieden werden. Die Anpflanzung von Koniferen im Uferbereich ist Geschmackssache, jedoch nicht unbedingt empfehlenswert, da viele Arten innerhalb kurzer Zeit sehr dominant werden und jeden anderen Bewuchs unterdrücken.

Gut eignen sich schwach wachsende Rhododendron-Arten und Azaleen (Rhododendron), Schlitzahorn (Acer palmatum 'Dissectum') und zahlreiche Blütengehölze wie Deutzien (Deutzia), Spiersträucher (Spiraea), Kolkwitzien (Kolkwitzia), Blasenspiere (Physocarpus) und Schneeball-Arten (Viburnum spec.), die nicht zu trockene Böden bevorzugen. Sie können durch einen kräftigen Rückschnitt in angemessener Größe gehalten werden, ohne dass der Habitus darunter leidet. Für den naturnahen Ufersaum eignen sich einige Hartriegelarten (z. B. Cornus alba 'Sibirica', C. a. 'Sibirica'), die sich zu einem niedrigen Dickicht ausbreiten.

Stauden für den Schwimmteichrand

Mit Stauden lassen sich die Beete am Ufer besonders vielfältig und nachhaltig gestalten. Eine herausragende Rolle kommt dabei den Leitstauden zu, meist hoch wachsende, auffällige Arten mit prächtigen Blüten oder dominantem Habitus. Sie setzen die Maßstäbe und ziehen die Blicke auf sich. Meistens genügen wenige Exemplare, um die gewünschte Wirkung zu erzielen. Typische Vertreter für den Teichrand sind zum Beispiel Wiesen- oder Amstelrauten (Thalictrum), Wasserdost (Eupatorium), die großen Greiskraut-Arten (Ligularia przewalskii, L. dentata), Prachtspieren (Astilbe-Thunbergii und A. x Arendsii-Hybriden) und Taglilien (Hemerocallis-Hybriden). Begleitstauden ordnen sich den Hauptdarstellern unter. Sie bleiben niedriger, haben weniger auffällige Blüten und werden in größerer Stückzahl, gern auch in Gruppen, gepflanzt. Bei der Ufergestaltung spielen zum Beispiel mittelhohe Felberich-Arten *(Lysimachia)*, Japan-Anemonen *(Anemone japonica)*, Mädesüß *(Filipendula vulgaris)*, Dreimasterblume *(Tradescantia Andersoniana-* Hybriden, Wachsglocke *(Kirengeshoma palmata)* und Nelkenwurz *(Geum coccineum, G. rivale* und Hybriden*)* diese Rolle. So genannte Füllstauden mit kleinen Blüten oder polsterartigem Wuchs helfen Lücken zu füllen, Übergänge zu harmonisieren und eignen sich auch für den Rand einer Rabatte. Diesen meist bodendeckenden Pflanzen kommt besonders bei der Uferbepflanzung eine wichtige Aufgabe zu: Sie helfen, Ränder und Einfassungen wie etwa Folienstreifen zu kaschieren. Typische Füllstauden für die Ufergestaltung sind zum Beispiel Kriechender Günsel *(Ajuga reptans)*, Wiesenknöterich *(Persicaria bistorta)* und Pfennigkraut *(Lysimachia nummularia)* sowie die vielseitigen Storchschnabel-Arten *(Geranium spec.)*.

Die Scheinkalla (Zantedeschia aethiopica) ist eine anmutige Schönheit, die frostfrei überwintert werden muss.

Moorbeete

Wo am Ufer ausreichend Platz vorhanden ist, lohnt sich die Anlage eines Moorbeetes. Als Substrat wird hierfür Torferde verwendet. Ausgefallene Pflanzen wie die Krötenlilie *(Tricyrtis hirta)*, Sonnentau *(Drosera rotundifolia)* und Schlauchpflanzen *(Sarracenia spec.)* finden hier genauso ein Zuhause wie Heidekräuter *(Erica* und *Calluna-* Arten*)*, Rippenfarn *(Blechnum spicant)* und zwergwüchsige Rhododendron-Arten. Im dauerfeuchten Boden eines Moorbeetes gedeiht auch das Schmalblättrige Wollgras *(Eriophorum angustifolium)*, das mit seinen wattigen Samenständen am schönsten wirkt, wenn es große Gruppen bilden kann. Weil das Milieu bei Moorbeeten sauer ist, der Schwimmteich hingegen eher basisch, ist eine Trennung beider Zonen durch eine Folienbarriere notwendig. Als stimmige Dekoration eignen sich bizarre Wurzeln oder abgestorbene Baumstümpfe. An ihnen siedeln sich Moose und Flechten an und tragen ihren Teil zur natürlichen Gesamtwirkung der Anlage bei.

Japan-Anemonen (Anemone japonica-Hybriden) blühen auch im Halbschatten.

Wege am Teich

Um die faszinierende Welt eines Schwimmteiches mit allen Pflanzen und Tieren darin hautnah erkunden zu können, müssen Wege das Ufer erschließen. Sie ermöglichen nicht nur einen sicheren Tritt und erleichtern die Pflegearbeiten, sondern akzentuieren bei richtiger Konzeption auch optisch die Grenze zwischen Teich und Garten, ohne wirklich trennend zu wirken.

Der naturnah angelegte Uferbereich mit geschwungenen Buchten verlangt eine Entsprechung bei der Wegegestaltung. Frei schwingende Wege mit einer „weichen" Befestigung wie zum Beispiel Kieswege wirken in jedem Fall besser als schnurgerade, betonierte oder mit genormten Kunststeinen gepflasterte Pfade. Scharf begrenzte Kanten und krasse Übergänge sind möglichst zu vermeiden. Eine attraktive, stimmige Wegbefestigung stellen einzelne große Trittsteine aus Naturstein dar, zwischen denen Gras oder kriechende Bodendecker wachsen können. Holzpflaster und hölzerne Schwellen sind nur bedingt als Befestigung geeignet, da sie bei Feuchtigkeit rutschig werden und unter Umständen ein Sicherheitsrisiko darstellen.

Auf Trittsteinen kann man sicheren Fußes die Umgebung des Teiches erkunden.

Leuchten im Freien dürfen einen stilistischen Akzent setzen.

Sicher ans Ufer treten

Nicht nur bei Holzoberflächen, sondern bei allen Wegen im Uferbereich steht die Sicherheit an erster Stelle. Folienteiche haben den großen Vorteil, dass der Boden jenseits der Folienabdichtung in der Regel trocken und nicht sumpfig ist. So können Wege bis direkt an die Wasserkante geführt werden, ohne abzusacken oder allmählich zu versinken. Führen einzelne Stufen oder Trittsteine bis ins Gewässer hinein, müssen sie durch einen Unterbau gut abgestützt werden. Hierbei ist es sinnvoll, mögliche Trittsteine im Wasser schon zu Beginn der Planung mit einzubeziehen. Wege an feuchten Ufern können durch den Einbau von versteckten Kantensteinen oder Betonstreifen stabil befestigt werden. Die angrenzende Abdichtung des Teiches sollte ebenfalls kaschiert werden. Offen liegende Folien sehen nicht nur unschön aus, sie nehmen auch Schaden durch Witterungseinflüsse und mechanische Verletzungen.

Abendliche Lichtspiele

Weil ein Teich auch am Abend und in der Nacht seine Reize hat, ist eine Beleuchtung der ufernahen Wege sinnvoll. Wer keinen Fachmann für die Verlegung der Strom führenden Leitungen hinzuziehen möchte, kann auf Niedervoltsysteme zurückgreifen. Solarlampen, die mit einem Erdspieß in den Boden gesteckt werden, sind eine unkomplizierte Alternative. Auch schwache Lampen spenden in den Abendstunden schon ausreichend Licht, damit ein Ausflug an das Gewässer nicht mit einem unfreiwilligen Bad endet. Sie haben zudem den Vorteil, dass die Tierwelt am Teich und im Garten nicht unnötig von der künstlichen Lichtquelle irritiert wird.

Unterwasserbeleuchtung

Sehr schöne Effekte können abends am Teich durch eine Unterwasserbeleuchtung erreicht werden. Der Einbau der Lampen kann im Regenerationsbereich erfolgen, wo dann das Licht durch die Unterwasserpflanzen hindurch scheint. Sie können auch in den Wänden des Schwimmbereichs angebracht werden, dies muss aber schon bei der Planung berücksichtigt werden, um entsprechende Nischen für die Scheinwerfer zu schaffen.

Im Wasser sind nur Scheinwerfer mit Niedervoltspannung erlaubt (maximal 12 V). Sie sind daher mit einem Transformator verbunden, der an einer sicheren Stelle untergebracht werden muss. Der Einbau soll so erfolgen, dass es zu keiner Blendung kommt, d. h. immer abgewandt vom Sonnendeck oder dem Sitzplatz am Teich.

Unter Wasser installierte Strahler machen den Teich auch nachts zum Blickfang.

Eine höhere Lichtausbeute wird beim Einsatz von Halogenleuchten erzielt. Diese haben zudem den angenehmen Nebeneffekt, dass sie weniger Energie brauchen. Die Zukunft gehört sicher Leuchtdioden, die Farbeneffekte erzeugen können, sowie der Glasfasertechnologie. Bei dieser wird eine Leuchtquelle außerhalb des Wassers über Glasfasern ins Wasser geleitet. So farbig und schön diese Lichtspiele sind, so kostspielig sind sie derzeit leider noch.

> **GUT ZU WISSEN**
>
> **Trittsteine im Teich**
>
> In der Randzone des Schwimmteiches verlegte Trittsteine brauchen ein sicheres Fundament, damit sie weder absacken noch beim Betreten wackeln. Am besten plant man die Trittsteine schon, bevor der Schwimmteich mit Folie ausgekleidet wird, da ein nachträgliches Errichten der Sockel schwierig ist.
>
> Zunächst wird ein Betonfundament auf ein Schotterbett gegossen. Ein Polstervlies zwischen Betonfundament und Folie verhindert, dass letztere beim anschließenden Bau des Sockels auf der Folie beschädigt wird. Auf der ausgelegten Folie wird nun mit wasserfesten Mauerziegeln (hart gebrannte Klinkersteine) und Mörtel ein Sockel bis knapp unterhalb der zukünftigen Wasseroberfläche gemauert. Zuoberst mörtelt man den Trittstein ein. Wenn er den Sockel etwas überkragt, sieht man nach dem Einlassen des Wassers nichts mehr vom Unterbau. Die Trittsteine müssen in jedem Fall ausreichend groß – mindestens 45 x 45 Zentimeter – und fest verankert sein, damit man sicher auf ihnen stehen kann. Zwischen den Trittsteinen darf der Abstand nicht mehr als 35 bis 40 Zentimeter betragen, damit eine angenehme Schrittweite gewährleistet ist.

Übergänge schaffen

Der Schwimmteich im Garten wirkt schon durch seine naturnahe Gestaltung weniger fremd als ein konventioneller Pool. Um das Gewässer stimmig in die Umgebung einzugliedern und eine harmonische Verbindung zwischen Teich und Garten zu schaffen, sind gelungene Übergänge zwischen dem Wasser und dem „Festland" besonders wichtig. Am schönsten wirkt ein Schwimmteich, wenn er nicht nur von einer gepflegten, aber nackten Rasen- oder Kiesfläche umgeben ist, sondern sich verschieden gestaltete Bereiche miteinander abwechseln. Um dabei eine bequeme Annäherung zu gewährleisten, muss man den Einstiegsbereich zum eigentlichen Schwimmbecken natürlich weitgehend von Pflanzenbewuchs freihalten, während die Regenerationsbereiche in der Flachwasserzone von einem schützenden Gürtel verschiedener Uferpflanzen eingefasst werden können.

Eine Reihe Trittsteine verbindet das feste mit dem flüssigen Element.

Zwischen den Elementen

Manche Feuchtbodenpflanzen wie Mädesüß *(Filipendula ulmaria)*, Seggen *(Carex)* und Primeln *(Primula)* fühlen sich auch im nassen Boden der Sumpfzone wohl. Sie können sowohl im dauerfeuchten Milieu als auch außerhalb des Teiches in normalem Gartenboden gepflanzt werden. Macht man sich ihren ambivalenten Charakter bei der Gestaltung zunutze, wird die Grenze zwischen den Elementen verwischt und ein harmonischer Übergang geschaffen.

In den von der Vegetation beherrschten Bereichen finden Tiere Ruhezonen, während die offenen Bereiche am Wasser Gäste wie Vögel, Schmetterlinge und Libellen anlocken, deren Beobachtung zu einem besonderen Vergnügen wird. Kiesige, fast vegetationslose Uferbereiche, die sich mit bewachsenen Randzonen abwechseln, ermöglichen es außerdem, den Blick über die Wasseroberfläche schweifen zu lassen. Einzelne größere Felsbrocken (Findlinge) setzen optische Akzente und bieten überdies auch Vögeln einen Rast- und Beobachtungsposten. Wenn möglich, sollten solche Felsbrocken oder Findlinge aus lokal anstehenden Steinsorten bestehen und auch in der übrigen Gartenanlage Berücksichtigung finden.

Bei der Ufergestaltung sollte stets bedacht werden, dass alle bepflanzten Bereiche für die Pflege erreichbar sein müssen.

Eine Überlegung wert ist auch die Zeit, die man für die Pflege aufwenden möchte. Wo ständig gezupft, geschnitten und aufgebunden werden muss, erlischt bald die Freude am zierenden Grün.

Trockenmauern am Teich

Eine besonders attraktive Lösung für einen Übergang besteht darin, das beim Aushub anfallende Erdreich an einem der Schwimmteichufer aufzuschütten und mit einer Trockenmauer abzufangen. Bei Grundstücken in Hanglage lässt sich dadurch gleichzeitig ein Teil der Böschung absichern und mehr Platz für eine Ruhezone am Schwimmteich gewinnen. Trockenmauern werden aus Bruchsteinen ohne Verwendung von Mörtel auf einem Kiesbett aufgeschichtet. Sie sind in der Regel nicht höher als einen Meter. Sinnvoll ist eine Ausrichtung der Mauer nach Süden, damit sie möglichst viel Sonnenwärme einfangen und bis in die Abendstunden hinein speichern kann. So wird sie zu einem wertvollen Biotop für Kleintiere. Eine attraktive Bepflanzung berücksichtigt vor allem Polster- und Steingartenstauden wie Mauerpfeffer, Dachwurz, Steinbrecharten und Polsterphlox. Die dem Teich abgewandte Seite der Trockenmauer kann mit niedrigen Gehölzen hinterpflanzt werden und so zum dahinter liegenden Garten überleiten, ohne dass man sie als Fremdkörper empfindet. Damit nicht durch Erosion Erde und Nährstoffe in den Schwimmteich eingetragen werden, ist eine bepflanzte Pufferzone von etwa zwei Metern oder ein Sitzplatz zwischen der Trockenmauer und dem Gewässer sinnvoll. Weil derart umfangreiche Erdarbeiten und das Aufschichten einer sicher in sich ruhenden Trockenmauer für Laien eine Herausforderung darstellen, delegiert man sie am besten an eine Gartenbaufirma.

Trockenmauern am Schwimmteich können die Sonnenwärme einfangen und speichern, sofern sie nach Süden ausgerichtet sind.

Dekoratives am Rande

Gartendekoration wird immer beliebter und kann auch die Umgebung des Schwimmteichs aufwerten. Von bepflanzten Schalen über Quell- oder Sprudelsteine bis hin zu von Künstlerhand geschaffenen Skulpturen aus Kunststein oder Bronzeguss ist dabei alles möglich. Individuelle Dekorationen machen Sitzplätze am Teich noch einladender und setzen in den blütenarmen Phasen des Gartenjahres farbige Akzente. Bei aller Lust am Dekorieren ist man jedoch gut beraten, wenn man den naturnahen Charakter des Schwimmteichs und seiner Umgebung nicht aus dem Blickfeld verliert. Im Zweifelsfall bedeutet das, einen anderen Ort zum Aufstellen eines erworbenen Objektes zu suchen und den Uferbereich des Schwimmteichs so authentisch und natürlich zu belassen, wie er ist.

Brunnen, Quell- und Sprudelsteine

Wasser in Bewegung kann eine faszinierende Ergänzung zur blanken, ruhigen Oberfläche des Schwimmteichs sein. Brunnen, Quell- und Sprudelsteine regen durch das sanfte Gurgeln und die Lichtreflexe auf dem perlenden Wasserfilm die Sinne an. Um sie wirklich genießen zu können, installiert man Wasserspiele möglichst in der Nähe des bevorzugten Sitzplatzes. Einfache, klare Konzepte fügen sich in den meisten Fällen besser in die naturnahe Umgebung eines Schwimmteichs ein als gekünstelte Kompositionen. Die Wasserspiele werden bei vorhandener Teichtechnik von der zentralen (und einzigen) Pumpe betrieben. Bei technikfreien Teichen werden sie von kleineren elektrischen Pumpen gespeist, deren Installation man aus Sicherheitsgründen am besten vom Fachmann vornehmen lässt.

Töpfe, Schalen und Vasen

Mit relativ einfachen Mitteln bilden Töpfe, Schalen oder Vasen einen attraktiven Blickfang. In ausreichender Größe oder zu kleinen Ensembles gruppiert, können sie auch aus der Entfernung wahrgenommen werden. Schlichte, ausdrucksstarke Formen passen am besten zum Konzept des Schwimmteiches. Die Gefäße können bepflanzt oder mit dekorativen Gegenständen wie Muscheln, Kieseln oder Glasmurmeln bestückt werden. Oft beeindrucken sie aber schon allein durch ihre Form und Struktur. Wenn die Oberfläche mit der Zeit rustikale Patina ansetzt, kann dies den Reiz der Gefäße noch steigern. Nur frostfeste Ware darf den Winter im

Sprudelsteine unterbrechen das Einerlei am Ufer.

Dekorative Elemente können schlichte Anlagen interessanter machen.

Markante Felsen akzentuieren die Ufer dieses Schwimmteiches. Sie korrespondieren mit den ebenso ausgefallenen Gehölzformen im Hintergrund.

Freien verbringen, doch auch sie kann gesprengt werden, wenn sich Wasser darin sammelt und beim Gefrieren ausdehnt.

Plastiken und Skulpturen

Schlanke Vögel, träumende Kobolde oder schlummernde Elfen aus Bronze am Teichufer; Amphoren, Zapfen oder Kugeln aus glasierter oder unglasierter Terrakotta neben dem Sitzplatz am Teich oder eine steinerne Nymphe, die sich scheu zwischen dem Laub der Uferbepflanzung versteckt – die Auswahl an Plastiken und Skulpturen als Gartenschmuck ist überwältigend. Neben den handelsüblichen Objekten, die in Baumärkten, Versandkatalogen und Fachgeschäften angeboten werden, gibt es auch individuelle, von Künstlern geschaffene Werke, die an geeigneter Stelle am Teichufer einen Blickfang bilden. Preiswert und unkompliziert in der Aufstellung sind Figuren aus bemalten Holzbrettchen oder Eisenblech. Auf Stäbe montiert können sie einfach in den Boden gesteckt werden. Keramik- und Künstlermärkte bieten ein gutes Forum, um sich einen Überblick über das Angebot an Gartenkunst zu verschaffen und Kontakte zu knüpfen. Voraussetzung für ein langes Leben des oft recht kostspieligen Gartenschmucks ist allerdings eine gewisse Stabilität, eine gute Witterungsbeständigkeit und eine kipp- und diebstahlsichere Aufstellung. Markante Blattschmuckpflanzen wie Tafelblatt, Zierrhabarber, Farne oder Gräser sind die richtigen Partner für dominante Skulpturen. Elegantere Plastiken brauchen einen gewissen Freiraum, um nicht von der benachbarten Vegetation überwältigt zu werden.

Natürliche Kunstwerke

Kunst und Natur gehen nahtlos ineinander über, wenn zum Beispiel bizarr geformte Wurzeln, ein Bündel Weidenruten, von der Witterung gezeichnete Steinbrocken oder andere Fundstücke an einer exponierten Stelle am Ufer des Schwimmteichs platziert werden. Selbst gebastelte Mobiles und Stabiles aus Pflanzenteilen, Federn, Schneckenhäusern und Tierknochen künden von mythischen Themen. Ein Bett aus unzähligen kleinen Muscheln und vom Meerwasser rund geschliffenes, von der Sonne gebleichtes Treibholz am Teichufer erwecken maritime Assoziationen. Wer offenen Auges durch die Natur geht, findet genug Anregungen, um die Umgebung des Schwimmteiches durch ausgefallene Stücke aus der Natur dekorativ zu bereichern.

Checkliste: Sicherheit rund um den Teich

▶ Auch eine Pfütze kann für Kleinkinder lebensgefährlich werden. Deshalb dürfen Kleinkinder nie unbeaufsichtigt in einem Garten spielen, in dem sich ein Gewässer befindet. Solange sich Kleinkinder auf dem Grundstück aufhalten, verhindert eine vollständige, abgeschlossene Umzäunung des Teiches und eventuell vorhandener Brücken und Stege, dass die Kinder ins Wasser fallen und ertrinken.

▶ Holzplanken von Wegen und Stegen werden nach einem Regen oder bei feuchter Witterung leicht rutschig. Mehr Trittsicherheit gewährleisten Hölzer mit geriffelter Oberfläche. Leitern und Treppen aus Holz, die den Einstieg in den Schwimmteich erleichtern, werden mit der Zeit zwangsläufig glitschig. Eine rutschfeste Auflage aus geriffeltem Edelstahl kann dies verhindern.

▶ Brücken und Stege können durch Geländer sicherer gemacht werden. Wichtig ist eine stabile Befestigung, denn ein wackeliges Geländer ist manchmal gefährlicher als gar keines, weil es den Besucher in trügerischer Sicherheit wiegt.

▶ Trittsteine, die am und im Wasser verlegt werden, müssen fest auf ihrem Sockel verankert werden, damit ein Besuch am Teich nicht mit einem unfreiwilligen Bad endet.

▶ Wenn der Schwimmteich auch in den Abendstunden genutzt werden soll, sorgt eine Beleuchtung von Zugangsweg und Einstiegsbereich für gefahrloses Badevergnügen. Eine Unterwasserbeleuchtung im Teich ist eine weitere Möglichkeit, dem abendlichen oder nächtlichen Baden etwas von seiner Unheimlichkeit zu nehmen.

▶ Elektrische Installationen müssen sorgfältig geplant und ausgeführt werden. Kabel und Zuleitungen müssen gegen Feuchtigkeit isoliert und gegen mechanische Verletzungen (zum Beispiel beim Graben) geschützt werden. Wasser und Elektrizität sind eine gefährliche Mischung. Kabel und Zuleitungen sollten nur von Fachleuten verlegt und vor Inbetriebnahme gründlich auf ihre Sicherheit überprüft werden. Pumpen, Skimmer und andere elektrisch betriebene Teichtechnik sowie alle Beleuchtungskörper im Freien müssen das Prüfsiegel von VDE, TÜV oder GS tragen, um die Gefahr eines Stromschlages zu bannen.

▶ Einige beliebte Gartenpflanzen sind giftig, andere haben Dornen oder Stacheln. Zum Beispiel sondern Herkulesstauden *(Heracleum mantegazzianum)*, Wermut- und Wolfsmilchgewächse bei Berührung ein Gift ab, das in Verbindung mit Sonnenlicht zu Hautreizungen führt, die Verbrennungen ähneln. Wo Kinder spielen, haben sie nichts verloren.

▶ Sicherheit am Teich bedeutet auch Sicherheit für den Teich. Folienabdichtungen sind nur dann dauerhaft und erfüllen nur dann ihre Funktion, wenn sie nicht durch Witterungseinflüsse beschädigt werden. Sonnenlicht macht freiliegende Folien brüchig. Im Winter kann die empfindliche Abdichtung nur dann beschädigt werden, wenn das Eis sich nicht an zumindest zwei Seiten des Teichs ausdehnen kann. Das ist nahezu bei jedem Teich gegeben. Eisdruckpolster, die an der Wasseroberfläche montiert werden können, bieten einen zusätzlichen Schutz, sind aber in der Praxis kaum notwendig.

▶ Bei der Teichpflege müssen die verwendeten Werkzeuge wie etwa Scheren zum Zurückschneiden von Unterwasserpflanzen oder Unterwassersensen vorsichtig gehandhabt werden, damit die Teichfolie nicht verletzt wird.

▶ Beim Reinigen der Trittsteine und Stege sollte man auf Chemikalien verzichten. Sie schädigen oder zerstören das biologische Gleichgewicht im Schwimmteich, wenn sie aus Versehen ins Wasser gespült werden. Ein gründliches Abbürsten mit klarem Wasser reicht in der Regel zum Säubern von Holz und Naturstein aus. In hartnäckigen Fällen hilft ein Hochdruckreiniger, der aber ebenfalls nur mit klarem Wasser ohne Reinigungszusätze betrieben werden darf.

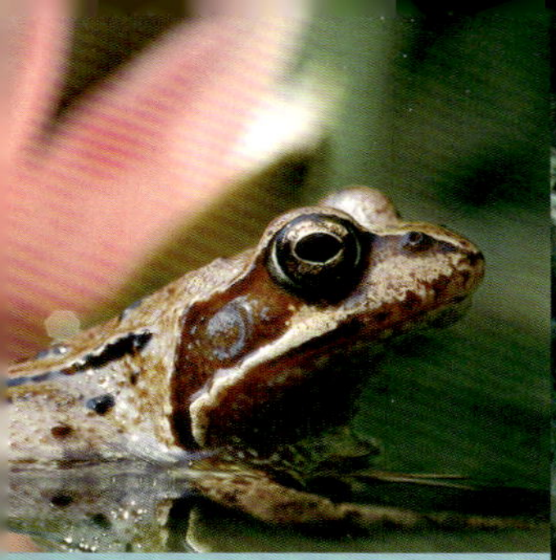

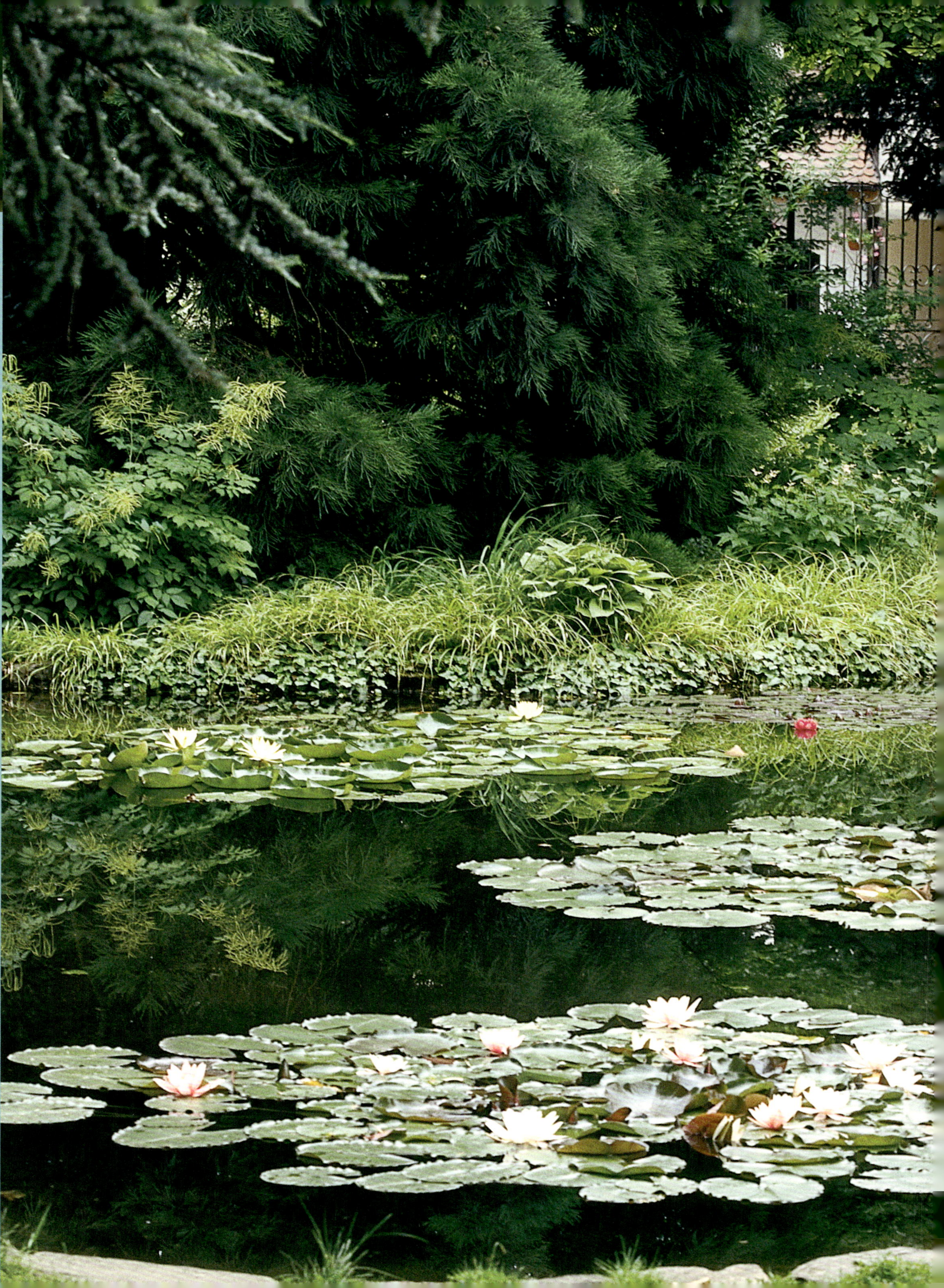

Ein Herz für die Natur

Schwimmteiche mit ihrer Vielfalt an pflanzlichem und tierischem Leben bieten eine wunderbare Gelegenheit, die Abläufe in der Natur hautnah beobachten zu können und helfen, sie verstehen zu lernen. Auch Teichbesitzer, deren Interesse bisher nicht primär der Natur galt, liegen plötzlich gebannt bäuchlings auf einem Steg und blicken staunend in die geheimnisvolle Tiefe des Gewässers, denn mit dem Einzug der Natur in den Schwimmteich ist ihre Neugier auf das Leben im und am Wasser geweckt.

Sich für die Natur öffnen

Menschen, die sich für einen Schwimmteich entschieden haben, zeigen schon durch ihre Wahl für das naturnahe Badegewässer, dass sie ein Herz für die Natur haben. Sie wenden sich ab von dem Glauben, dass die Technik alle Abläufe des Lebens perfekt kontrollieren kann und sie lassen sich darauf ein, dass die Natur einen Teil der Regie übernimmt. Dafür werden sie reichlich belohnt – alltägliche Wunder, die sich nur demjenigen offenbaren, der bereit ist, zu schauen und sich mit allen Sinnen der Natur zu öffnen. Das Wachstum der Pflanzen, die Schönheit ihrer Blüten, aber auch das Welken und Vergehen am Ende einer Saison sind wichtige und erlebenswerte Erfahrungen, die in der von Tempo und Ehrgeiz, von Stress und Technologie bestimmten Alltagswelt oft aus dem Blickfeld geraten. Besonders für Kinder bedeutet es eine wichtige Erfahrung, die Entwicklung von Leben hautnah beobachten zu können. Und wo ginge das besser als am und im Wasser, in dem doch einst alles Leben entstanden ist? Das Erwachen der Fauna, das Schlüpfen einer Libelle, das Werden eines Frosches aus einer winzigen Kaulquappe zum Beispiel sind jedes Jahr wieder ein spannendes Schauspiel, genauso wie die wundersame Entwicklung der Teichflora im Frühjahr, wenn in den ersten warmen Tagen die Welt im Gewässer und seiner Umgebung plötzlich grün wird.

Auch wenn die Werbung uns oft weismachen will, dass der Sommer nie zu Ende geht und die Sonne immer scheint, wissen wir doch genau, dass es in der Natur auch die grauen Tage, das Dahinwelken der Vegetation im Herbst und den kalten, dunklen Winter gibt. Doch auch dann kann man am und im Teich immer noch Leben finden, das sich in Nischen behauptet und bis zum Frühjahr ausharrt, wenn es dann zu neuer Blüte kommt. Der Teich lehrt uns, dass ein Abschiednehmen im Herbst zwar schmerzt, die Natur aber nach einem kalten Winter geläutert wieder zu neuem Leben erwacht. Das Verfolgen solcher jahreszeitlicher Zyklen ist spannender als jeder Roman, denn es geschieht täglich vor unseren Augen, an und in unserem Schwimmteich!

Rechts *Idylle pur – Glücklich kann sich schätzen, wer solch ein rustikales Badehaus sein Eigen nennt.*

Links *Die üppige Bepflanzung des Teiches findet ihre Fortsetzung in der Begrünung der Hausfront mit Kletterpflanzen.*

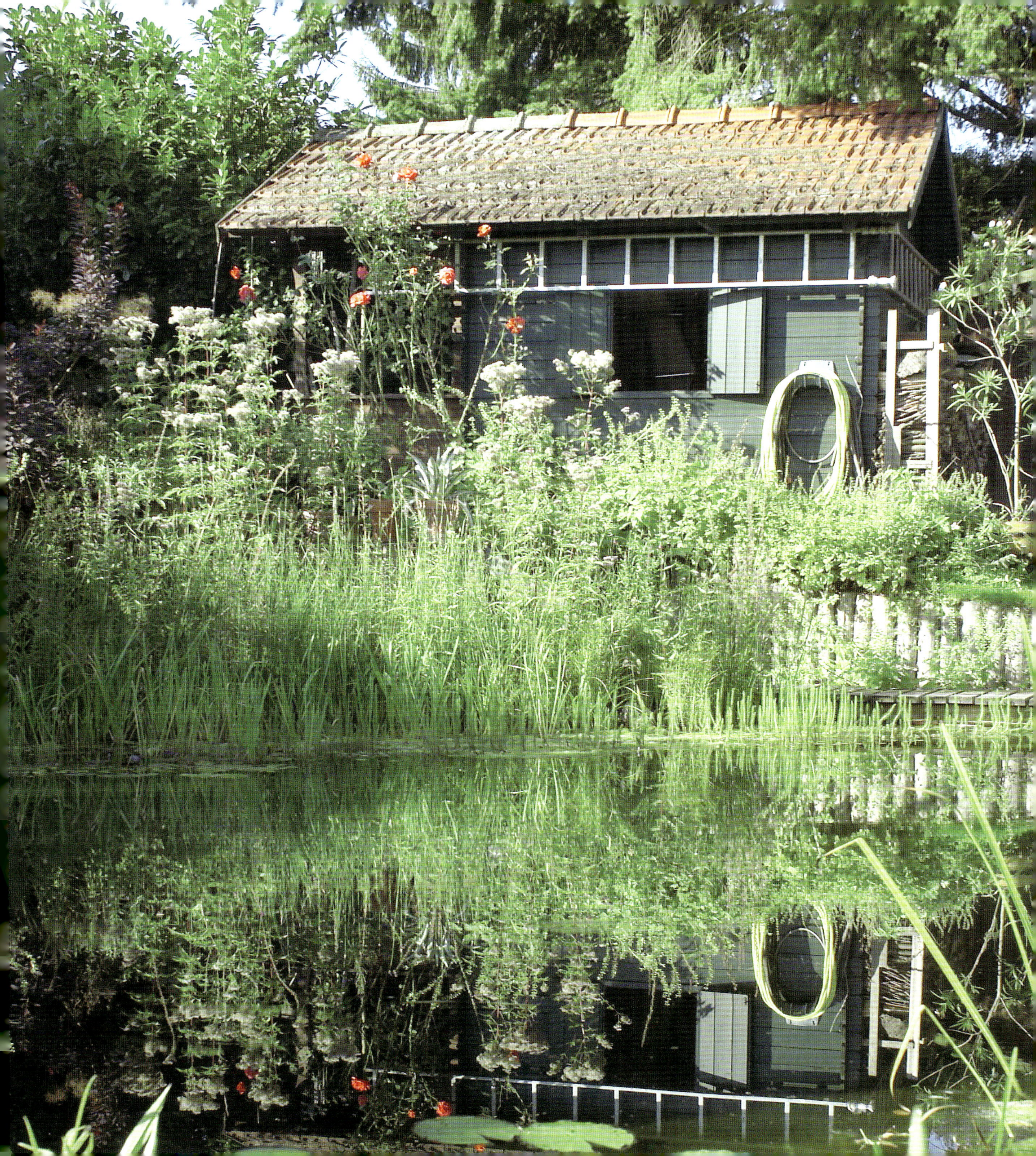

Natürliche Kreisläufe verstehen

Beim Bau eines Schwimmteiches müssen, mehr als bei der Anlage anderer künstlicher Teiche, zahlreiche Umweltfaktoren berücksichtigt werden, damit die Wasserqualität gut und damit badetauglich ist, und auch auf Dauer so bleibt. Eine vorausschauende Planung und regelmäßige Kontrollen sind neben einer gewissen Pflege Voraussetzung für das Gelingen des Projektes Schwimmteich. Natürlich drängt sich dem Laien angesichts der scheinbar komplizierten Teichökologie die Frage auf, warum Pfützen und Tümpel in Wald und Feld nicht faulig stinken und warum natürlich entstandene Teiche nur in Ausnahmefällen umkippen, obwohl sich doch niemand darum kümmert. Die Antwort darauf ist relativ einfach: In der Natur entstehen stehende Stillgewässer wie Teiche und Tümpel dort, wo die entsprechenden Bedingungen vorhanden sind. Wo die Voraussetzungen für einen natürlichen Teich nicht mehr gegeben sind, verschwinden diese Gewässer wieder.

Künstlich angelegte Teiche hingegen werden oft dort platziert, wo der Mensch sie aus ästhetischen Gründen haben möchte. Sie sollen über einen längeren Zeitraum möglichst gleich aussehen, einen gepflegten Eindruck machen und einem vorgesehenen Nutzungskonzept – zum Beispiel als Koi-, Zier- oder Schwimmteich – entsprechen. Hinzu kommt der Umstand, dass der Teichgrund durch die Folienabdeckung isoliert und vom Grundwasser und dem Austausch von Bodengasen abgeschnitten wird. Das System eines solchen künstlichen Gewässers ist damit anfälliger als ein natürlich entstandenes Feuchtbiotop, das sich über einen längeren Zeitraum entwickeln kann. Kleine Störungen des Ökosystems über eine längere Dauer hinaus können im künstlich geschaffenen Teich gravierende Folgen haben. Um die komplexen Zusammenhänge begreifen zu können, die das artenreiche System stehender Gewässer aufrechterhalten, muss man die natürlichen Kreisläufe daher genau betrachten und versuchen, sie zu verstehen.

Lebensraum Schwimmteich

Der zur Zeit inflationär verwendete Begriff „Öko", unter dem sich scheinbar fast alles vermarkten lässt, stammt ursprünglich aus dem Griechischen. Dort bedeutete *oikos* nichts weiter als „Haus" oder „Haushaltung". Der deutsche Naturwissenschaftler Erich Haeckel führte im Jahr 1866 den Begriff „Ökologie" ein, also auf gut deutsch „die Lehre vom Haus(halt)". Er bezeichnete damit die gesamte Wissenschaft von den Beziehungen der Organismen zur umgebenden Außenwelt.
In der Biologie versteht man unter Ökologie die Erforschung der Wechselwirkungen zwischen einzelnen Organismen und zwischen einem Organismus und seiner Umwelt. Nur wenn dieses Verhältnis zwischen Organismus und Umwelt ein eng geknüpftes Netz von Beziehungen bildet, das trotz möglicher Schwankungen einigermaßen ausge-

Kinder interessieren sich für alles, was im Schwimmteich lebt. Gut, wenn man es ihnen erklären kann!

glichen ist, wird es ein Ökosystem bilden, das dauerhaften Bestand hat. Anders als ein konventioneller Pool, bei dem das Wasser mithilfe von Chemie „sauber", d. h. klinisch rein gehalten wird, bildet sich im Schwimmteich im Idealfall ein Ökosystem, in dem sich permanent eine Vielzahl von mechanischen, biologischen und chemischen Abläufen vollzieht. Bei genauer Betrachtung wird deutlich, dass dieses System Schwimmteich von vielen Faktoren beeinflusst wird. Hierzu gehört vor allem das Wasser selbst und sein pH-Wert, aber auch Gase, Mineralien und damit Nährstoffe, das Sonnenlicht, die Temperatur von Luft und Wasser – und nicht zuletzt auch Pflanzen und Tiere. Für eine gute Wasserqualität müssen die Prozesse, die sich im Ökosystem Schwimmteich abspielen, einen stabilen Kreislauf bilden. Je größer dabei der Teich ist, desto größer wird meist auch die Artenvielfalt sein – und damit wächst auch die Wahrscheinlichkeit eines ausgewogenen, gut funktionierenden Ökosystems. Dies soll aber nicht heißen, dass sich nicht auch in kleinen Teichen ein stabiles Gleichgewicht bilden kann.

Voraussetzungen für einen stabilen Kreislauf

Sonnenlicht veranlasst die Wasserpflanzen – in der Fachsprache auch Produzenten genannt – durch Photosynthese Sauerstoff zu erzeugen und freizusetzen. Sie nehmen dabei aus dem Wasser Kohlendioxid auf. Auch die mikroskopisch kleinen Algen brauchen Sonnenlicht für ihre Entwicklung, auch sie setzen durch Photosynthese Sauerstoff frei. Sie sind in jedem Teich vorhanden und ein wichtiges Glied in der Nahrungskette, da sie Wasserschnecken, Wasserflöhen, Insekten und deren Larven sowie winzigen Tieren wie Räder-, Sonnen- und Pantoffeltierchen (das so genannte Zooplankton) als Nahrung dienen. Vom Zooplankton wiederum ernähren sich winzige Krebstierchen wie Ruderfußkrebse (Copepoda), die von Insektenlarven und anderen Wasserbewohnern gefressen werden. Kleinere Insektenlarven werden von größeren erbeutet.
Alle diese Tiere sind aber auch Pflanzen- und Algenfresser – in der Fachsprache daher Konsumenten genannt – und geben Kohlendioxid ab, das wiederum für Pflanzen und Algen lebensnotwendig ist. Wenn Pflanzen und Pflanzenfresser sterben, sinken sie auf den Grund des Gewässers, wo sie von Pilzen und Bakterien – in der Fachsprache Reduzenten – zerlegt, also mineralisiert werden. Diese Rückstände, auch Detritus genannt, spielen eine wichtige Rolle als „Zwischenlager" für Nährstoffe aus Fäulnis- und Verrottungsprozessen. Die mineralisierten Nährstoffe und das bei diesem Prozess freigesetzte Kohlendioxid werden wieder von den pflanzlichen Produzenten verarbeitet. Funktioniert dieser Kreislauf, dann funktioniert auch der Teich.

Je vielfältiger die Vegetation ist, desto besser kann sie ihrer Aufgabe als Kläranlage gerecht werden.

Oben *Der leuchtend grüne Laubfrosch ist ein seltener Gast am Schwimmteich.*

Rechts *Libellen bei der Paarung, das berühmte Libellenrad.*

Unten *Gelbrandkäfer sind gefürchtete Räuber. Treten sie zahlreich auf, kann man sie abfischen und umsiedeln.*

Teichbewohner und Gäste

Aber zurück zur Fauna: Im und am Schwimmteich spielen sich täglich „Tragödien" ab, ein ständiges Fressen und Gefressen werden, auch wenn man mit bloßem Auge nur einen Bruchteil davon mitbekommt. Insekten und ihre Larven sind eine bevorzugte Beute aller im Teich lebenden Amphibien, die im Larvenstadium als Kaulquappen ihrerseits auf dem Speisezettel von zum Beispiel Libellen- und Gelbrandkäferlarven stehen. Trotz der Unbarmherzigkeit im Kampf ums Dasein überwiegen für das Auge aber Szenen voller Harmonie und Schönheit. Molche beim Paarungsspiel, in der Sonne ruhende Prachtlibellen oder genussvoll badende Singvögel im flachen Wasser des Uferbereichs ziehen die Blicke des Betrachters auf sich.

Vögel sind dabei nicht unmittelbar als Bewohner, sondern eher als Gäste im Ökosystem Schwimmteich anzusehen. Bei ihrem Besuch am Wasser schnappen sie nach Insekten oder Fröschen und fangen auch schon mal den einen oder anderen Molch. Gleichzeitig tragen sie in ihrem Gefieder auch neues Leben in das Gewässer, zum Beispiel Eier und Larven verschiedener Tierarten und natürlich auch zahlreiche Pflanzenkeime – nicht zuletzt die scheinbar allgegenwärtige Entengrütze wird von den gefiederten Gästen von Teich zu Teich getragen.

In einer intakten Nahrungskette funktioniert in den Sommermonaten die Wechselwirkung zwischen Pflanzen und Bakterien, Pflanzenfressern und Fleischfressern sowie anorganischen Nährstoffen praktisch reibungslos und ohne Pause. Nicht außer Acht lassen darf man dabei Faktoren, die der Laie für eher nebensächlich hält oder gar nicht wahrnimmt.

Wie das Ökosystem ins Wanken gerät

Im Wasser gelöste Mineralsalze, die klassischen Pflanzennährstoffe, die in konzentrierter Form auch als Dünger bezeichnet werden, fördern bei ausreichender Lichtzufuhr nicht nur das Wachstum der Unterwasserpflanzen, sondern auch das der Schwebalgen. Diese vermehren sich unter Umständen explosionsartig – das Wasser färbt sich grün

Spatzen sind, wie andere Singvögel, als Gäste am Teich willkommen.

und wird in der Folge trüb. Besonders häufig geschieht das bei einem raschen Anstieg der Wassertemperaturen im Frühjahr, der mit kräftiger Sonneneinstrahlung und einem starken Anstieg des pH-Werts des Wassers einhergeht. Die Algenmassen werden damit zu einer Gefahr für die übrigen Teichbewohner – und nicht zuletzt für sich selbst. Denn je stärker sich die Algen vermehren, desto weniger Licht dringt noch bis zum Teichgrund durch. In der Folge sterben die Unterwasserpflanzen aus Lichtmangel ab und zersetzen sich. Beim Abbau des toten Pflanzenmaterials wird aber im Wasser gelöster Sauerstoff verbraucht und giftiges Faulgas (Methangas) freigesetzt. Ohne neue Sauerstoffzufuhr sterben nach den Unterwasserpflanzen auch die Tiere im Teich. Neben dem toten Pflanzenmaterial geben dann verwesende Tierkadaver weiteres giftiges Methangas ins Wasser ab und beschleunigen den Vergiftungsprozess. Das Gewässer wird zur Kloake. Verhindern kann man diesen Teufelskreis durch eine partielle Beschattung der Teichoberfläche. Schwimmpflanzen und Schwimmblattpflanzen dämpfen das Sonnenlicht und bremsen damit das Algenwachstum. Zusätzlich können Sauerstoff- bildende Pflanzen den Algen die Nährstoffe streitig machen und deren Massenvermehrung verhindern. Wichtig ist auch das in gesundem Teichwasser reichlich vorhandene Zooplankton. Dieses vertilgt Algen in so ausreichender Menge, dass ein Kollaps vermieden wird. Im nährstoffarmen Wasser eines richtig geplanten Schwimmteiches ist eine Massenvermehrung von Algen daher nahezu unmöglich.

Schwimmblätter von Laichkraut (Potamogeton spec.).

GUT ZU WISSEN

Faktoren, die für das ökologische Gleichgewicht bestimmend sind

- Suchen Sie für den Schwimmteich den optimalen Standort.

- Achten Sie auf eine ausreichende Wassertiefe in den Randzonenbereichen. Je tiefer das Wasser ist, desto langsamer heizt es sich in heißen Sommern auf.

- Ein Wasseraustausch zwischen der Randzone und der Bade- bzw. Schwimmzone muss jederzeit gewährleistet sein.

- In den Randzonen muss etwa die Hälfte der Wasseroberfläche durch Schwimmblattpflanzen beschattet sein.

- Unterwasserpflanzen sind die wichtigsten Sauerstoffproduzenten und müssen stets in ausreichender Zahl vorhanden sein. Als Richtwert gilt: 30 Prozent der im Teich vorhandenen Pflanzen sollten Unterwasserpflanzen sein.

- Abgestorbene Pflanzenteile und herbstliches Falllaub sollten aus dem Schwimmteich gefischt werden, bevor sie verrotten und ihre Nährstoffe an das Teichwasser abgeben.

- Fische und Schildkröten gehören nicht in Schwimmteiche, da ihre Stoffwechselprodukte die Wasserqualität drastisch verschlechtern.

- Pflanzenschutzmittel und Dünger sowie chemische Mittel zur Wasseraufbereitung sind im Schwimmteich und in der unmittelbaren Umgebung absolut tabu.

Je älter, desto schöner

Ein neu angelegter Schwimmteich wirkt zunächst noch etwas kahl: Zwischen den Pflanzen der Randzone und dem Uferbereich klaffen mitunter noch große Lücken und die Unterwasser- und Schwimmblattpflanzen sind kaum zu sehen. Das ändert sich jedoch innerhalb weniger Wochen, denn schon bald beginnen die Pflanzen sich auszubreiten und die Lücken zu schließen. Wenn sich die Seerosen etabliert haben, entwickeln sie nicht nur Blätter, sondern auch eine Menge attraktiver Blüten, die alle Blicke auf sich ziehen. Spätestens im zweiten Jahr ist der Bewuchs so dicht, dass die Grenze zwischen Teich und Garten nahezu unsichtbar ist. Lediglich in der Schwimmzone ist nach wie vor die Folienauskleidung zu sehen, am Rand wird sie im Idealfall völlig von der Vegetation überdeckt.

Ganzjährig attraktiv

Je geschickter die Umgebung bepflanzt und gestaltet wurde, desto besser fügt sich der Schwimmteich in den Garten ein. Man ist gut beraten, mit einer ganzjährig attraktiven Bepflanzung dafür zu sorgen, dass auch im Winter einzelne Blickfänge gegeben sind. Hilfreich sind hierbei zum Beispiel immergrüne Gewächse und Ziersträucher mit interessantem Habitus oder einer hübsch gefärbten Rinde sowie attraktive Ziergräser, deren trockene Laubschöpfe in Frostperioden durch Raureif veredelt werden.

Natürlich ist nicht jede Gestaltung von Anfang an perfekt. Selbst der Fachmann kann die Verhältnisse vor Ort nicht auf Anhieb immer richtig einschätzen. Meistens offenbart sich erst durch die Beobachtung über einen längeren Zeitraum und die praktische Nutzung des Badegewässers, welche Entscheidungen gefällt werden müssen und wo was gepflanzt werden kann. Früher oder später müssen dann manche Gewächse, die zu groß geworden sind und andere, die an ihrem Standort kümmern, umgesetzt werden. Kein Garten und kein Schwimmteich sind statische Gebilde. Aber gerade das macht sie zu einem so interessanten Teil unserer Umwelt und zu einer ständigen Herausforderung. Einzelne Beispiele von Schwimmteichen, die bereits über Jahre existieren, zeigen deutlich, wie schön sie sich inzwischen in die Umgebung eingepasst haben und wie attraktiv ein solches Gewässer wird, wenn es einige Jahre alt ist.

Ein eingewachsener Schwimmteich lässt kaum noch Rückschlüsse auf seine künstliche Entstehung zu.

Pflanzen im und am Teich

Ein Schwimmteich ohne Pflanzen ist undenkbar. An erster Stelle stehen natürlich jene Wasserpflanzen, die für ein reibungsloses Funktionieren der Anlage sorgen. Weitere, hauptsächlich wegen ihres Zierwertes eingesetzte Wasserpflanzen wie Seerosen, Sumpfkalla oder Hechtkraut steigern den optischen Reiz des Teiches und unterstützen die besonders aktiv am Regenerationsprozess beteiligten Unterwasserpflanzen. Die auffälligeren Schwimmblattpflanzen und die Sumpf- und Randzonenpflanzen im Uferbereich binden den Schwimmteich perfekt in den Garten ein und können, zusammen mit einer stimmigen Bepflanzung im näheren Umfeld des Gewässers, den natürlichen Gesamteindruck verstärken.

Pflanzen für verschiedene Bereiche

Bei den Wasserpflanzen, die für das Überleben eines Schwimmteiches notwendig sind, unterscheidet man zwischen Unterwasserpflanzen, Schwimmpflanzen, Schwimmblattpflanzen und Randzonenpflanzen. Ihnen allen kommt im natürlichen Gefüge des Schwimmteiches eine wichtige Rolle zu, die sie nur erfüllen können, wenn ihren arteigenen Bedürfnissen in Bezug auf Nährstoffangebot, Wassertiefe und -temperatur entsprochen wird. Feuchtbodenpflanzen wie Kreuz- oder Greiskräuter *(Ligula-*

Am Ufer gedeihen anpassungsfähige Pflanzen wie der Wiesenknöterich (Persicaria bistorta).

Mit Kies befestigte Uferbereiche können dennoch bepflanzt werden, wenn unter dem Kies eine dünne Schicht Substrat vorhanden ist, die auch in trockenen Sommern ausreichend feucht bleibt.

ria- Arten), Mädesüß *(Filipendula)* oder das imposante Mammutblatt *(Gunnera manicata)*, die zwar in normalem Gartenboden wurzeln, aber eine hohe Bodenfeuchtigkeit vertragen oder zum Gedeihen sogar brauchen, verbinden die Teichvegetation mit dem übrigen Garten und schaffen somit einen idealen Übergang.

Unterwasserpflanzen

Als Unterwasserpflanzen (submerse Makrophyten) bezeichnet man all jene Pflanzen, deren Blätter zumindest teilweise unter der Wasseroberfläche wachsen. Einige, wie das Tausendblatt *(Myriophyllum spicatum)*, bilden ihre Blätter unter der Wasseroberfläche und die Blütenstände ragen aus dem Wasser hinaus. Sie sind zwar mit Wurzeln in der Erde verankert, nehmen aber einen Hauptteil der Nährstoffe über die Blätter auf. Oft von unscheinbarem Aussehen, gehören sie jedoch zu den aktivsten Sauerstoffproduzenten. Außerdem verhindert der grüne Teppich ihrer Blätter eine zu starke Algenentwicklung und eine übermäßige Erwärmung des Wassers am Teichgrund und bietet Amphibien, Insekten und anderen Teichbewohnern Unterschlupf. Deshalb sind Unterwasserpflanzen in einem Schwimmteich absolut unverzichtbar und sollten mindestens 30 Prozent der gesamten Pflanzenmenge im Teich ausmachen. Man setzt am besten mehrere verschiedene Arten mit Abstand zueinander in einer Wassertiefe zwischen 50 und 100 Zentimetern. Die meisten Angehörigen dieser Pflanzengruppe sind sehr wuchsfreudig. Manche, wie etwa die Kanadische Wasserpest *(Elodaea canadensis)*, wuchern regelrecht. Alle Unterwasserpflanzen müssen hin und wieder ausgelichtet werden, womit man dem Schwimmteich Nährstoffe entzieht und somit das Algenwachstum bremst.

Schwimmpflanzen

Ganz ohne Bodenkontakt im Gewässer schwimmende Pflanzen bezeichnet man als Schwimmpflanzen. Sie driften praktisch ohne Einschränkungen durch den Teich oder auf dessen Oberfläche. Einheimische Arten wie die Krebsschere *(Stratiotes*

Blütenpracht

Seerosen-Hybride *Nymphaea* 'Masaniello'.

Seerosen-Hybride *Nymphaea* 'Marliacea Albida'.

Seerose *Nymphaea odorata* 'Sulphurea'.

Kap-Seerose (*Nymphaea capensis*).

aloides) sind in der Regel winterhart und tauchen bei sinkenden Temperaturen in tiefe Gewässerzonen ab, um im nächsten Frühjahr wieder an die Oberfläche zu kommen. Exotische Arten wie der Wassersalat *(Pistia stratiotes)* sind meist nicht frosthart und müssen im Herbst abgefischt und bei einer Mindesttemperatur von 10 °C überwintert werden. Ansonsten sterben sie beim ersten Frost ab und sinken auf den Teichgrund, wo sie verrotten und damit dem Schwimmteich überflüssige Nährstoffe zuführen.

Schwimmblattpflanzen

Ein Teich sollte immer zu mindestens einem Drittel beschattet sein. Eine elegante Methode dies zu erreichen, ist der Einsatz von Schwimmblattpflanzen, wie zum Beispiel See- oder Teichrosen. Ihre auf der Wasseroberfläche aufliegenden Blätter beschatten das Wasser darunter. Im Gegensatz zu den Schwimmpflanzen, wie etwa dem frei im Wasser treibenden Hornkraut *(Ceratophyllum demersum)*, wurzeln Schwimmblattpflanzen im Teichgrund und lassen ihre Blätter an die Oberfläche aufsteigen. Kleinere Schwankungen des Wasserspiegels können sie durch ihre Blattstiele ausgleichen.

Seerosen

Die Königin des Teiches ist zweifellos die Seerose *(Nymphaea* spec.). Die ausdrucksstarke Pflanze schätzt sonnige, warme Standorte und eher schlammiges und tieferes Substrat als andere Wasserpflanzen. Sie entwickelt im Sommer große, attraktive Blüten, die in der Regel vier Tage halten, bevor sie wieder versinken. Von keiner anderen Wasserpflanze gibt es so viele Arten und Sorten. Die einheimische Weiße Seerose *(N. alba)* und deren Abkömmlinge sind meist völlig winterhart und können in ausreichend tiefen Teichen, die nicht bis zum Grund durchfrieren, im Freien überwintern. Als Richtwert gilt: Steht die Seerose in einer Wassertiefe von mehr als 70 Zentimetern, ist sie vor dem Erfrieren geschützt. Exotische Sorten aus subtropischen und tropischen Breiten müssen nach ihrem sommerlichen Gastspiel im Teich im Herbst gehoben und frostfrei überwintert werden. Das gilt auch

Die filzigen Blattrosetten des Wassersalats (Pistia stratiotes) *treiben frei auf der Wasseroberfläche.*

für alle Seerosen, die in geringer Wassertiefe wachsen und deren Rhizom daher einfrieren könnte. Am sinnvollsten ist es, solche Pflanzen in Gitterkörbe zu setzen, die es speziell zu diesem Zweck im Fachhandel gibt. Darin haben die Wurzeln ausreichend Platz und es ist ein Leichtes, die Körbe im Herbst mitsamt den Pflanzen zu heben. Man stellt sie dann in ein ausreichend großes Wassergefäß und hält sie bis zum Frühjahr kühl, aber frostfrei (zwischen 5 und 8 °C) und nicht zu dunkel. Die kurz gestielten Unterwasserblätter dürfen nie völlig trocken stehen. Seerosen aus dem Flachwasserbereich, die im Teichgrund wurzeln, müssen vor Winteranfang vorsichtig ausgegraben, gesäubert und in eine Wanne mit Erde gepflanzt werden. Nach dem Fluten der Wanne wird diese kühl, aber frostfrei an einem nicht zu dunklen Ort überwintert.

Blühfaule Seerosen verjüngen

Ältere Seerosenbestände können mit ihren Schwimmblättern große Teichbereiche bedecken, aber leider auch recht blühfaul sein, wenn sie nicht ausgelichtet werden. Man nimmt daher alle paar Jahre die Rhizome vorsichtig auf und schneidet die

Rhizomspitze mit den Triebknospen ab. Nur diese setzt man anschließend wieder in den Teich ein.
Je nach Art und Sorte gedeihen Seerosen in unterschiedlicher Wassertiefe. Am besten erkundigt man sich vor dem Kauf nach der optimalen Pflanztiefe, aber auch nach dem Platzbedarf der jeweiligen Sorte. Es gibt sehr zierliche Sorten, die mit einer geringen Wassertiefe zwischen 20 und 40 Zentimetern auskommen, aber auch stark wachsende Sorten, deren Blätter mehrere Quadratmeter Teichoberfläche bedecken und die eine Wassertiefe zwischen 50 und 90 Zentimetern brauchen. Tiefer als einen Meter sollte man keine Seerose setzen, da sich das Wasser im Frühjahr in tieferen Regionen zu langsam erwärmt und die Entwicklung der Pflanzen dadurch verzögert wird. In tieferen Teichzonen kann man die richtige Pflanztiefe dadurch erreichen, dass man die Pflanzkörbe auf entsprechend hohe Sockel stellt.

GUT ZU WISSEN

Seerosen für Schwimmteiche

Art/Sorte	Blütenfarbe	Breite in cm	Wassertiefe in cm
Weiße Seerose (Nymphaea alba)	weiß	150 – 200	50 – 90
Blaue ägyptische Seerose (Nymphaea caerulea)	hellblau, duftend	250 – 300	30 – 50
Kap-Seerose (Nymphaea capensis)	hellblau	150 – 250	30 – 60
Nymphaea odorata 'Sulphurea'	schwefelgelb, duftend	120	30 – 45
Zwerg-Seerose (Nymphaea tetragona)	weiß	25 – 40	15 – 40
Nymphaea tetragona 'Helvola'	hellgelb	60	15 – 25
Nymphaea-Hybride 'Aurora'	variabel kupfer-rosarot	75	30 – 60
Nymphaea-Hybride 'Blauer Stern'	mittelblau	120 – 200	30 – 60
Nymphaea-Hybride 'Escarboucle'	zinnoberrot	150	50 – 90
Nymphaea-Hybride 'Froebelii'	blutrot, duftend	90	15 – 30
Nymphaea-Hybride 'Gladstoniana'	weiß	150 – 250	50 – 90
Nymphaea-Hybride 'James Brydon'	dunkel rosarot	120	30 – 45
Nymphaea-Hybride 'Laydekeri Fulgens'	burgunderrot	150	30 – 45
Nymphaea-Hybride 'Marliacea Albida'	weiß	120	30 – 45
Nymphaea-Hybride 'Masaniello'	rosarot	150	30 – 60
Nymphaea-Hybride 'Virginalis'	weiß, duftend	120	30 – 45

Randzonenpflanzen

Im seichten Flachwasser- und Uferbereich wachsen die so genannten Randzonenpflanzen. Manche benötigen zum Gedeihen eine geringe Wasserhöhe, andere wachsen auch in mit Wasser gesättigtem (sumpfigem) Boden. Sie rahmen in natürlichen Teichen das Gewässer ein und verzahnen es mit der umgebenden Vegetation. Beim Einsetzen der Randzonenpflanzen ist es besonders wichtig, auf die jeweils von der Pflanzenart bevorzugte Wassertiefe zu achten. Manche ziehen eine geringe Wassertiefe von zwei bis drei Zentimetern vor, andere tolerieren eine Wassertiefe von bis zu 30 Zentimetern. Besonders bei robusten, stark wachsenden Arten wie dem Rohrkolben (*Typha* spec.) muss darauf geachtet werden, dass sie mit ihren zum Teil aggressiven Ausläufern die Teichfolie nicht beschädigen. Einen gewissen Schutz bieten nach unten geschlossene Pflanzkisten. Neben den winterharten Arten können auch Exoten wie das filigrane Zyperngras (*Cyperus papyrus*) oder der bizarre Goldkolben (*Orontium aquaticum*) gepflanzt werden. Damit man sie nicht durch Frost verliert, pflanzt man sie in Körbe, die man im Herbst ausgraben und frostfrei überwintern kann.

Feuchtbodenpflanzen

Neben den im Teich und im unmittelbaren Uferbereich wachsenden Pflanzen sind die so genannten Feuchtbodenpflanzen wichtige Bindeglieder zur umgebenden Gartenlandschaft. Die Pflanzen dieser Gruppe, etwa Wiesenschwertlilien (*Iris sibirica*), Trollblumen (*Trollius* spec.), Primeln (*Primula* spec.) oder Greiskräuter (*Ligularia* spec.) wurzeln zwar in normalem Gartenboden, vertragen aber oder benötigen sogar feuchte bis sehr feuchte Substrate. An sonnigen Standorten ist es deshalb wichtig, stets für eine ausreichend hohe Bodenfeuchtigkeit zu sorgen, da die Pflanzen sonst kümmern oder welken.

Betrifft: Schilf

Und hier noch eine Warnung: Schilf (*Phragmites australis*) hat im Schwimmteich nichts verloren. Das Rhizome bildende Gras ist zwar als Klärpflanze gut geeignet und wird auch in großen Pflanzenkläranlagen zu diesem Zweck eingesetzt. Weil es aber so aggressiv wuchert und mit seinen meterlangen Trieben die Teichfolie durchstoßen kann, sollte man auf keinen Fall Schilf im Schwimmteich anpflanzen. Eine bessere Alternative sind die verschiedenen Rohrkolben-Arten (*Typha* spec.) und grasähnliche Gewächse wie Kalmus (*Acorus calamus*), Seggen (*Carex* spec.) oder Binsen (*Juncus* spec.).

Heimische Pflanzen

Bei der Verwendung von exotischen, nicht winterharten Pflanzen im Teich sollte man vorsichtig und zurückhaltend sein. Die Vorbereitung für die Überwinterung dieser heiklen Pflanzen kann schnell in viel Arbeit ausarten. Auch die heimische Pflanzenwelt bietet eine Vielzahl wunderschöner und interessanter Arten, die einen Einsatz von Exoten verzichtbar macht.

*Verschiedene Arten des Rohrkolbens (*Typha *spec.) sind eine gute Alternative zum Schilfrohr.*

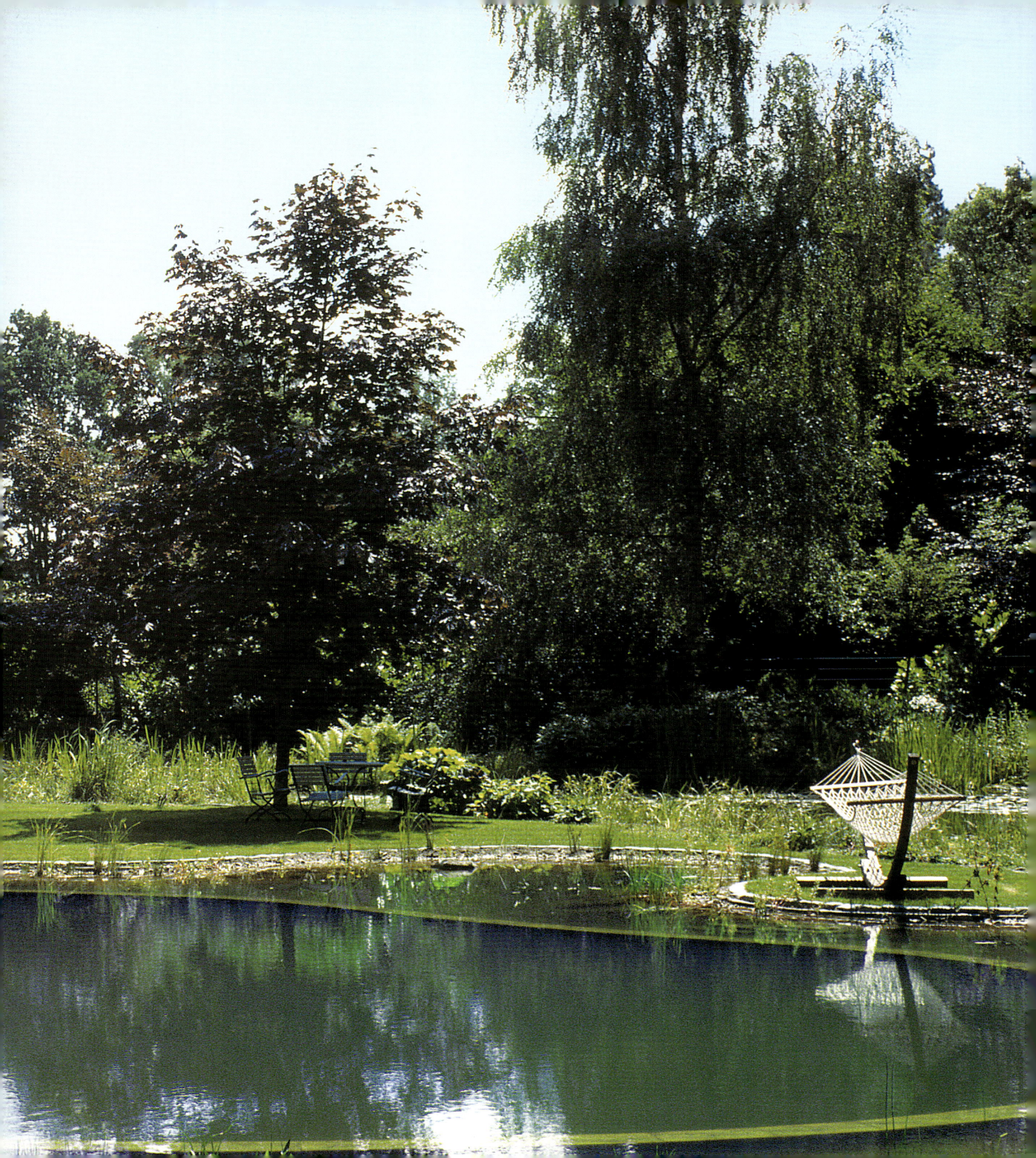

Die Bepflanzung eines neuen Schwimmteiches

Die erste Bepflanzung eines Schwimmteiches erfolgt direkt anschließend an die Bauarbeiten. Sie ist oft unmittelbar an das Auffüllen mit Wasser gekoppelt, da viele Wasserpflanzen nur sehr kurze Zeit außerhalb des Wassers überleben können. Meistens reicht eine halbe Stunde auf dem Trockenen bereits aus, um einer empfindlichen Wasserpflanze den Garaus zu machen. Gibt es auch nur kurze Verzögerungen beim Pflanzen, muss man die Gewächse gießen und mit nassen Tüchern bedecken, um sie feucht zu halten.

Die Bepflanzung erfolgt Schritt für Schritt, angefangen in den tiefsten Zonen der Anlage, da man diese nach dem Auffüllen des Teiches nur noch mit Mühe erreicht. Tiefe Pflanzzonen werden direkt nach dem Setzen der Pflanzen geflutet, noch bevor die seichteren Zonen bepflanzt werden. Die tiefen Bereiche bereits vorher zu fluten, ist wenig sinnvoll, da beim Pflanzen so viel Substrat aufgewirbelt wird, dass man schon nach wenigen Minuten nicht mehr sehen kann, was man tut. Außerdem würde das Substrat auf den Böschungen sich sofort mit Wasser vollsaugen, so dass man diese Bereiche nicht mehr betreten könnte, ohne sie zu beschädigen. Es ist sinnvoll, wenn die Erstbepflanzung vom gleichen Unternehmen durchgeführt wird, das auch die Bauarbeiten übernommen hat. Meistens existiert ohnehin beim Baubeginn schon ein Plan, der die spätere Bepflanzung mit einbezieht. Die Spezialisten der Baufirma wissen nicht nur, wo man die entsprechenden Pflanzen bekommt, sie können sie meistens auch zum richtigen Zeitpunkt besorgen und fachgerecht in das Gewässer und den Randbereich einsetzen.

Pflanzen vorsichtig einsetzen

Legt man bei der Bepflanzung selbst mit Hand an, sollte man möglichst keine Metallwerkzeuge benutzen und auch sonst sehr vorsichtig vorgehen, um die empfindliche Teichfolie nicht zu verletzen. Als praktikables Pflanzwerkzeug haben sich simple hölzerne Kochlöffel mit abgerundeten Kanten bewährt. Wasser- und Sumpfpflanzen mit Wurzelballen kann man auch auf den Teichboden legen und mit nährstoffarmer Erde anhäufeln, die man mit einigen flachen Steinen am Fortschwimmen hindert. Unterwasserpflanzen, die sich mit ihren Wurzeln am Boden nur festhalten, aber keine Nährstoffe damit aufnehmen, werden nur mit einem Stein als Ballast auf dem Teichboden verankert, damit sie sich von dort aus teppichartig ausbreiten können. Schwimmpflanzen wie Wassersalat oder Krebsschere werden nach dem Fluten des Schwimmteiches einfach auf die Wasseroberfläche gesetzt.

Substrat

Als Pflanzsubstrat dient humus- und tonarme, sandige Lehmerde mit Schluffanteilen, die etwa zehn Zentimeter hoch auf die Folie ausgebracht und im Uferbereich mit einer etwa vier Zentimeter hohen Kiesschicht (Rollschotter) abgedeckt wird, um eine Erosion durch Wellen zu verhindern. Eine zehn Zentimeter hohe Substratschicht reicht für die meisten

Links und oben *Am Anfang wirkt der frisch bepflanze Teich noch kahl, doch innerhalb weniger Jahre wird sich eine üppige Ufervegetation entwickeln.*

Wurzelballen aus. Für Spezialkulturen wie etwa Seerosen, die ein nährstoffreicheres und tieferes Substrat benötigen, werden punktuelle Verbesserungen des Grundsubstrates vorgenommen oder man setzt die Pflanzen in spezielle Pflanzkörbe, die anschließend auf dem Teichboden platziert werden. Einige auf die Topfoberfläche gelegte flache Steine verhindern dabei, dass Substrat ausgeschwemmt wird oder die Rhizome aufschwimmen.

Pflanzzeit

Das Einsetzen der Wasserpflanzen kann in der Zeit zwischen dem Frühjahr, sobald das Gewässer eisfrei ist, bis Mitte September erfolgen. Gräser werden grundsätzlich nur in den Frühjahrsmonaten gesetzt, da sie im Spätsommer und Herbst nicht mehr anwachsen. Alle anderen in Containern gezogenen Pflanzen können praktisch während der gesamten Saison gesetzt werden. Nicht winterharte Pflanzenarten setzt man erst Mitte Mai ein, wenn keine Fröste mehr drohen. Will man sie überwintern, nimmt man sie rechtzeitig im Herbst – in der Regel Anfang bis Mitte Oktober – auf und hält sie je nach Art in einem Becken oder Pflanztrog im Haus.

Spätere Ergänzungen

Schwimmteiche sind, wie alle Gewässer, Systeme, die sich ständig verändern. Daher bleibt es nicht aus, dass manche Pflanzen so gut gedeihen, dass sie zur Plage werden und durch andere ersetzt werden sollten. Andere Gewächse kümmern aus irgendei-

Pflanzen für den Wassergarten kauft man am besten im Frühjahr in anerkannten Fachbetrieben.

nem Grund und verabschieden sich vielleicht sogar vollständig aus der Pflanzengemeinschaft des Schwimmteiches. Wie auch immer, es gibt im Laufe der Jahre genug Gründe, neue Pflanzen in den Schwimmteich einzusetzen und nicht immer ist es nötig, extra dafür einen Fachmann zu bemühen. Kleine Veränderungen an der Vegetation kann man durchaus selbst durchführen, wenn man auf einige Punkte achtet:

▶ Bei jedem Pflanzvorgang wird der Teichboden aufgewirbelt und Nährstoffe freigesetzt. Deshalb sollten Erdbewegungen auf ein absolutes Minimum begrenzt werden. Notfalls pflanzt man größere Pflanzenmengen mit einigen Unterbrechungen im Abstand von mehreren Tagen, damit sich der Teichboden in der Zwischenzeit wieder setzen kann.

▶ Bei allen Arbeiten am Teichboden muss man darauf achten, die empfindliche Teichfolie nicht zu verletzen. Schon ein spitzer, verholzter Stängel kann die Folie durchstoßen. Wenn der Teich erst leckt, wird eine Reparatur sehr aufwändig.

▶ Mit neuen Pflanzen können Krankheiten und Schädlinge eingeschleppt werden, die das empfindliche Gleichgewicht des Schwimmteiches beeinträchtigen oder zerstören können. Deshalb untersucht man neue Pflanzen zunächst gründlich auf Anzeichen von Fäulnis, Krankheiten oder Schädlingsbefall. Ganz sicher geht man, wenn man die neuen Pflanzen zunächst einige Zeit in ein separates „Quarantänebecken" setzt und erst dann auspflanzt, wenn man sicher ist, keine unliebsamen „Gäste" einzuschleppen.

Unbekannte Pflanzenarten, die man entweder von wohlmeinenden Bekannten geschenkt bekommt oder durch Zufall irgendwo günstig erworben hat, sollte man nicht auf gut Glück in den Schwimmteich oder die angrenzenden Vegetationsbereiche einsetzen. Besser ist es, sie anhand eines Bestimmungsbuches erst genau zu identifizieren und damit sowohl ihre Ansprüche als auch ihr Wuchsverhalten erkennen zu können. So spart man sich unliebsame Überraschungen, etwa das Einschleppen von stark wuchernden Wildkräutern.

GUT ZU WISSEN

Pflanzenkauf

▶ Beim Kauf der Wasserpflanzen versteht es sich von selbst, dass man auf qualitativ hochwertige Ware achtet. Die Pflanzen müssen beim Händler in sauberen Becken gelagert werden, einen gedrungenen, dichten Wuchs aufweisen und dürfen keine Anzeichen von Krankheiten oder Schädlingen erkennen lassen. Neue Pflanzen kauft man am besten kurz nach Einsetzen des Wachstums in der Frühlingsmitte. Die Pflanzen werden entweder wurzelnackt oder im Container angeboten. Pflanzen im Container haben den Vorteil, dass man sofort große Einzelpflanzen hat, aber auch junge Wasserpflanzen wachsen in der Regel gut an und haben den Vorteil, dass sie leichter zu transportieren sind. Der Transport erfolgt am besten in zwei ineinander gesteckten Plastiktüten, um ein Auslaufen von Wasser zu verhindern. Man achtet darauf, dass die Pflanzen nicht gedrückt oder geknickt werden und bis zum Auspflanzen stets feucht bleiben. Lange Wege vermeidet man möglichst ebenso wie eine Lagerung der Pflanzen in Hitze und Sonnenlicht.

Da die Pflanzen beim Einsetzen meist noch sehr klein sind, tendieren Teichbesitzer immer dazu, zu viele Pflanzen zu setzen. Als Faustregel gilt: vier Pflanzen pro Quadratmeter Regenerationsfläche reichen aus. Von der gesamten Pflanzenmenge sollten 30 Prozent Unterwasserpflanzen sein und 70 Prozent Sumpfpflanzen. Auch bei Seerosen darf man nicht übertreiben. Sie wuchern rasch und decken alle Unterwasserpflanzen zu.

Tiere im und am Teich

Meist schon kurz nach dem Bepflanzen und Fluten des Schwimmteiches stellen sich die ersten Gäste ein. Der direkteste Weg führt dabei durch die Luft. Pioniere sind oft Wasserläufer, die manchmal bereits nach wenigen Stunden über die Teichoberfläche flitzen. Einige Tage später kann man Rückenschwimmer, Wasserkäfer und Wasserspinnen ausmachen und vielleicht auch schon Libellen auf ihrem Erkundungsflug beobachten.

Wasserschnecken werden oft unfreiwillig durch gekaufte oder geschenkte Wasserpflanzen eingeschleppt, was aber nicht unbedingt zum Schaden des Teiches ist. Manchmal sind auch rastende Wasservögel die Boten, mit denen neues Leben eingeschleppt wird. Im Gefieder versteckte Insekten- oder Molluskeneier reifen dann plötzlich im Schwimmteich zu neuem Leben. Seltener wandern Amphibien spontan zu. Sie siedeln sich nur dann im Teich an, wenn aus der Nachbarschaft ein Weg zu einem neuen Revier führt – und wenn sie dort ausreichend Nahrung und Unterschlupf finden. Überhaupt bestimmt das Nahrungsangebot, ob und wie viele Tiere sich am und im Teich dauerhaft wohl fühlen. Lediglich Fische widersprechen dem Konzept des sich selbst reinigenden Schwimmteiches, was manche bedauern mögen. Dennoch wird jeder Schwimmteich, ganz gleich ob groß oder klein, eine Menge interessanter Naturphänomene zum Beobachten bieten.

Die kleinsten Gäste: Zooplankton

Die mit bloßem Auge kaum sichtbaren Gäste im Teich sind fast die wichtigsten: Mikroskopisch kleine Lebewesen bilden das tierische Plankton (Zooplankton). Sie ernähren sich von Algen – dem pflanzlichen Plankton – und haben dadurch eine wichtige Aufgabe als Wasserklärer. Weil sich von diesen winzigen Tieren wiederum viele größere Teichbewohner ernähren, bilden sie ein wichtiges Glied in der Nahrungskette des Gewässers. Wenn sie nicht schon zusammen mit den Wasserpflanzen eingeschleppt werden, kann man neu angelegte Teiche mit einigen Litern Wasser aus einem gesunden Teich „impfen." In einem Liter klarem Teichwasser leben unzählige, für das Auge kaum oder gar nicht sichtbare Räder- und Sonnentierchen,

Rechts Frösche siedeln sich oft von selbst im Schwimmteich an. Nicht jeder schätzt ihr nächtliches Konzert.

Die mikroskopisch kleinen Sonnentierchen, leben frei schwebend im Süßwasser.

Ruderfußkrebse (Copepoda) spielen im ökologischen Kreislauf des Schwimmteiches eine wichtige Rolle.

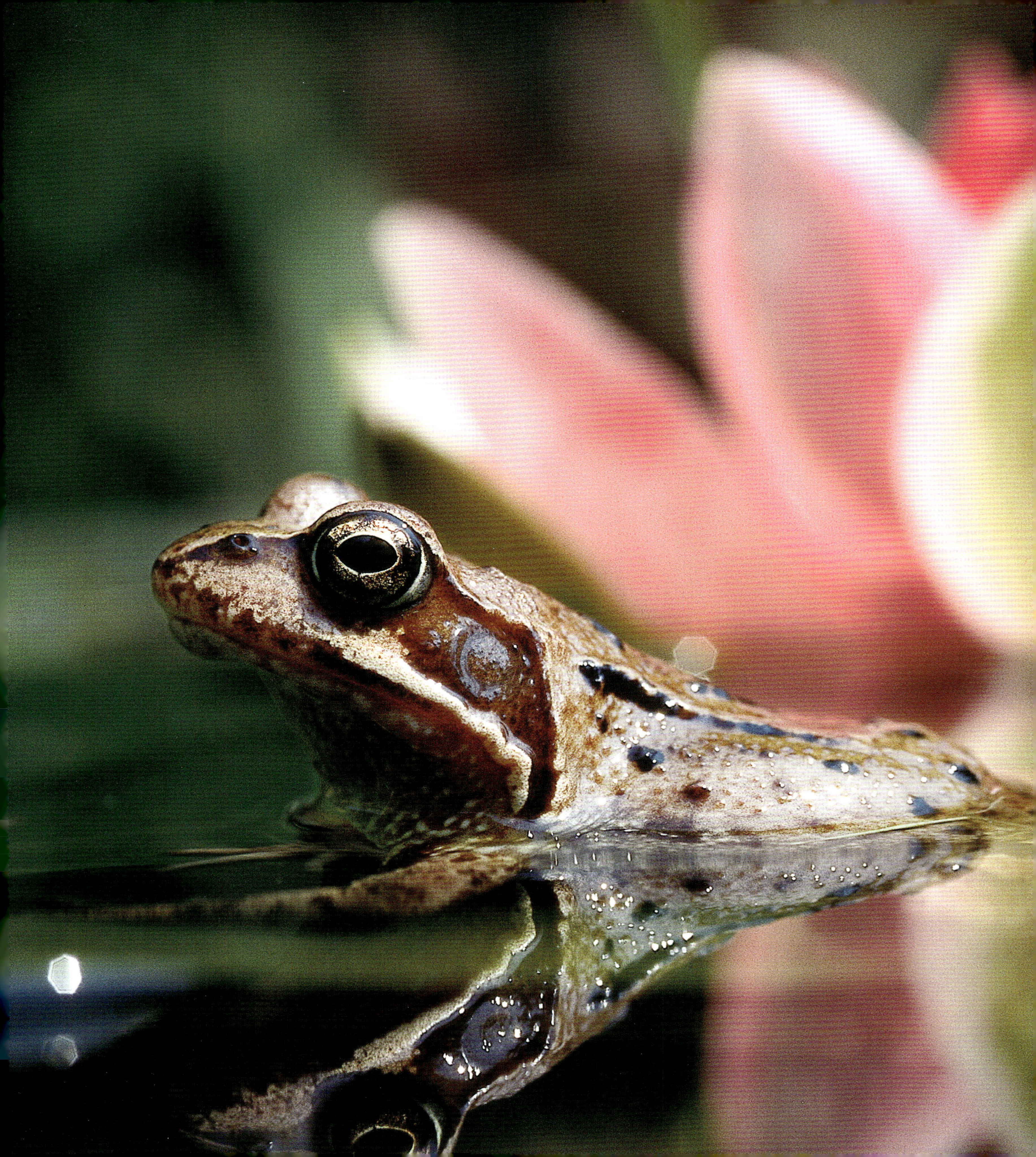

Wasserflöhe *(Cladocera)*, Pantoffeltiere und Hüpferlinge. Da sie sich unglaublich rasch vermehren, dauert es in der Regel nicht lange, bis sie den neu angelegten Schwimmteich erobert haben. Bis sich unter anderem dank ihrer Hilfe ein ökologisches Gleichgewicht gebildet hat, vergehen jedoch einige Monate.

So gefährlich die großen Libellen auch aussehen – die Flugkünstler sind für Menschen völlig harmlos.

Insekten

Aus der Luft ist ein stehendes Gewässer auch aus der Ferne gut zu erkennen. Deshalb werden meistens Insekten die ersten geflügelten Gäste am Schwimmteich sein. Nach den Wasserläufern *(Gerris* spec.) treffen Rückenschwimmer *(Notonecta glauca)*, Wasserspinnen und Schwimmkäfer ein. Neben den Gästen, etwa Schmetterlingen und Bienen, die nur kurzzeitig zum Trinken am Ufer verweilen, ist der Teich auch eine Kinderstube für viele Insekten. Die Larven der Köcherfliegen *(Sericostoma personatum)* leben unauffällig an der Blattunterseite von Wasserpflanzen oder, eingemauert in winzige Köcher aus Sandkörnern und kleinen Steinchen, am Grund der Flachwasserzone. Gelegentlich können sie Fraßschäden an Seerosen verursachen. Absammeln beugt dem Problem vor. Andere unerwünschte Insekten sind der Seerosenblattkäfer und der Seerosenzünsler, die beide große Schäden an den wertvollen Teichpflanzen anrichten können.

Zahlreiche weitere Insekten bevölkern vor allem die Flachwasserzone und den Regenerationsbereich eines Schwimmteiches. Sie ernähren sich von Algen und Pflanzenteilen, manche leben aber auch räuberisch und erbeuten kleinere Teichbewohner. Zu den Insekten, die zwar für den Menschen ungefährlich sind, aber anderen Teichbewohnern durch ihre räuberische Lebensweise zusetzen können, gehören der etwa drei Zentimeter große Gelbrandkäfer *(Dysticus marginalis)*, der Furchenschwimmer *(Acilius)*, der Taumelkäfer und der zu den Wasserwanzen gehörende Wasserskorpion. Auch Libellenlarven sind nimmersatte Räuber im Teich. Die eleganten Insekten jagen nicht nur bevorzugt an Gewässern, sie legen im Sommer auch ihre Eier an Wasserpflanzen ab. Daraus schlüpfen die braungrauen Larven, die sich zwei bis drei Jahre lang von allem Lebenden im Teich ernähren, was ihnen zwischen die Kiefer kommt. Dabei machen sie auch vor Kaulquappen nicht halt. Im Frühsommer schlüpfen dann aus den garstig aussehenden Larven die eleganten Flugkünstler. Zu den schönsten gehören die großen Königslibellen *(Aeshna)*, auch Mosaikjungfern genannt. Prachtlibellen *(Calopteryx)* haben farbig schillernde Flügel und schwirren lautlos über den Teich. Die etwas plump wirkenden Plattbauchlibellen *(Orthetrum)* wird man eher an fließenden Gewässern finden.

Mücken am Teich

Der Schwimmteich ist eine ideale Kinderstube für alle Arten von Mücken. Neben einigen für uns Menschen harmlosen Mückenarten wie Zuckmücken *(Chironomus)* und Büschelmücken *(Corethra)* wächst dort auch die Brut der blutsaugenden Stechmücken oder Gelsen *(Culex, Aedes* und *Anopheles)*

Mückenlarven leben im Süßwasser. Sie werden oft zur Beute größerer Insektenlarven, deshalb kommt es am Schwimmteich nicht zur Mückenplage.

heran. Im von der Sonne erwärmten Wasser brauchen die gläsern durchscheinenden Mückenlarven nur wenige Tage der Entwicklung, bis das fertige, flugfähige Insekt schlüpft. Vom Frühsommer bis zum Herbstbeginn löst dann eine Generation die nächste ab. Man sollte daher annehmen, dass sich überall dort, wo sich stehende Gewässer befinden, eine Mückenplage ausbreitet. Dass dem nicht so ist, liegt daran, dass sich zahlreiche Kleinlebewesen, vor allem andere Wasserinsekten und Amphibien, von den Mückenlarven ernähren. Wo das ökologische Gleichgewicht annähernd stimmt und genügend Fressfeinde vorhanden sind, haben Stechmücken keine guten Karten. In Regentonnen und Vogeltränken dagegen, wo es kaum Fressfeinde gibt, entwickeln sich die blutsaugenden Plagegeister nahezu ungestört. Eine Studie der Biotop Landschaftsgestaltung GmbH hat gezeigt, dass die Mücken bei Teichinteressenten zu den drei Hauptbedenken bei der Anschaffung eines Teiches zählen. Befragt man aber Teichbesitzer nach dem ersten Jahr, werden Mücken nicht als Problem wahrgenommen und alle Skepsis ist gewichen.

Wasserschnecken

Wasserschnecken haben in ihrem Lebensraum eine wichtige Funktion zu erfüllen. Sie sind, anders als die gefräßigen Nacktschnecken im Zier- und Nutzgarten, nicht als Plage anzusehen, denn sie vertilgen lästige Fadenalgen und abgestorbene Pflanzenteile. An den Unterseiten von Seerosenblättern und anderen Wasserpflanzen findet man im Sommer ihre gallertartigen Eigelege. Manche Wasserschnecken (Gattung *Lymnaea*, *Radix* oder *Stagnicola*) können jedoch Cercarien übertragen, Hautparasiten, welche besonders im Frühsommer die unangenehme Badedermatitis verursachen. In diesem Fall müssen alle Schnecken abgesammelt und aus dem Teich entfernt werden. Hauptwirt der Cercarien sind allerdings Wasservögel.

Wo Wasserschnecken nicht von selbst oder in gewünschter Artenvielfalt auftreten, kann man etwas nachhelfen: Spezialgärtnereien für Wasserpflanzen bieten meist verschiedene Arten an. Die Spitzschlammschnecke *(Lymnaea stagnalis)* wird bis zu sechs Zentimeter groß, hat ein spitzes Gehäuse und hält sich ständig an der Wasseroberfläche auf. Die Tellerschnecke *(Planorbis planorbis)* hat ein rundes, abgeplattetes Gehäuse. Ähnlich, nur etwas größer, sieht die Posthornschnecke *(Planorbarius corneus)* aus. Ihr charakteristisches dunkel- bis rotbraunes Gehäuse erreicht einen Durchmesser von bis zu drei Zentimetern. Die entfernt an Weinbergschnecken erinnernde Sumpfdeckelschnecke *(Viviparus viviparus)* bringt lebende Junge zur Welt, statt Eier zu

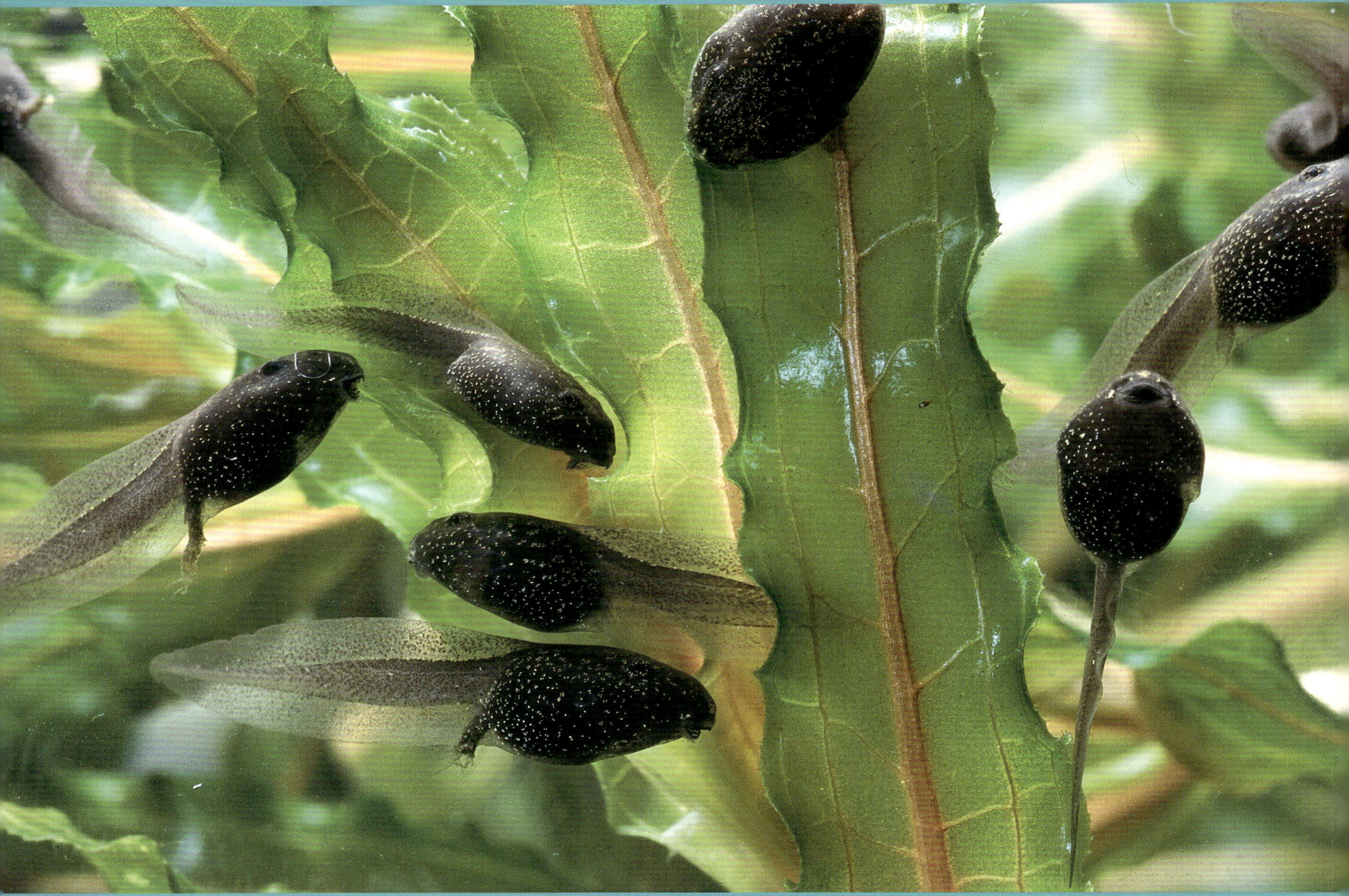

legen. Sie vermehrt sich daher nicht so stark wie andere Wasserschneckenarten.

Leicht lassen sich auch Teichmuscheln *(Anodonta)* im Schwimmteich halten. Selbst wenn man nicht viel von ihnen zu sehen bekommen wird, helfen sie dennoch, das Wasser sauber zu halten. Sie kriechen mithilfe eines ausgestülpten Fußes über den Untergrund und filtrieren dabei das Wasser. Die Filterleistung einer ausgewachsenen Muschel soll bis zu 1000 Liter Teichwasser am Tag betragen.

Amphibien

Meistens wird die Anwesenheit von Fröschen als sicheres Indiz dafür angesehen, dass der Teich „natürlich" funktioniert. Tatsächlich finden sich nur dann Frösche, Kröten und Schwanzlurche ein, wenn sie im Teich und in der näheren Umgebung Unterschlupf und ausreichend Nahrung finden. Für das Funktionieren eines Schwimmteiches sind Amphibien nicht zwangsläufig nötig. Wo sie jedoch einwandern, fügen sich alle einheimischen Arten in die natürliche Nahrungskette des Schwimmteiches ein. Sie vertilgen Insekten, Schnecken und deren Eier und halten so ihre Zahl in Grenzen. Die Kaulquappen und amphibischen Jungtiere ihrerseits dienen anderen Teichbewohnern wie Libellenlarven und Gelbrandkäfern als Nahrung.

Der braune Grasfrosch *(Rana temporaria)* und der seltene grasgrüne Laubfrosch *(Hyla arborea)* kommen nur zum Laichen ans Wasser. Die grünen Wasserfrosch-Arten *Rana esculenta, R. lessonae* und *R. ridibunda* leben jedoch ganzjährig im Teich. Weniger auffällig als die tagaktiven Frösche sind Kröten, die erst nachts aus ihren Schlupfwinkeln kommen. Am häufigsten trifft man auf die Erdkröte *(Bufo bufo)*. Zu ihren Beutetieren gehören Insekten und auch Nacktschnecken. Seltener kommen Wechsel-, Kreuz-, Knoblauch- oder Geburtshelferkröten oder die verwandten Unken *(Bombina)* vor. Den Teich suchen die Kröten vor allem im Frühjahr zur Ablage ihres Laiches auf. Die gallertartigen Eier ähneln denen der Frösche, werden allerdings nicht in großen

Links *Aus den munteren Kaulquappen entwickeln sich innerhalb weniger Wochen winzige Frösche oder Kröten.*

Posthornschnecken sind an ihrem charakteristischen Haus gut zu identifizieren.

Klumpen, sondern in langen Schnüren zwischen den Wasserpflanzen abgelegt. Molche *(Triturus)*, auch als Schwanzlurche bezeichnet, suchen ebenfalls zur Laichzeit stehende Gewässer auf. Die vier einheimischen Arten Teichmolch, Kammmolch, Bergmolch und Fadenmolch sind oft auch Gäste im Schwimmbereich, da sie dort Zooplankton jagen. Sie treten meistens paarweise auf. Die Männchen erkennt man an dem Kamm auf dem Rücken. Aufgrund ihrer Neugier lassen sich Molche auch leicht fangen und aus der Nähe beobachten. Wohler fühlen sie sich aber, wenn man sie in Ruhe lässt.

Baden zwischen Fröschen

Bedenken, dass beim Baden plötzlich Frösche, Molche oder andere glitschige Amphibien im Weg sein könnten, sind unbegründet. Bis die Badesaison im Juni beginnt, haben die meisten Amphibien den Teich, den sie zum Laichen aufgesucht haben, schon wieder verlassen. Außerdem halten sich die Tiere vorrangig in der Flachwasserzone des Regenerationsbereiches auf, wo sie sich zwischen den Pflanzen verstecken und Nahrung finden können. Der Schwimmbereich ist für sie uninteressant, da das Wasser dort keine Nahrung enthält.

Abwarten oder Nachhelfen?

Auch wenn die Verlockung noch so groß ist, das eigene Biotop mit Fröschen und Molchen aus natürlichen Gewässern aufzuwerten: Niemals dürfen Amphibien, deren Larven oder Laich aus ihrem natürlichen Lebensraum entnommen werden, um sie im eigenen Schwimmteich anzusiedeln. Dies verstößt gegen das Naturschutzgesetz und gelingt im Übrigen auch nur ganz selten. Meistens wandern die eingesetzten Tiere nach kurzer Zeit wieder ab und verenden im schlimmsten Fall auf irgendeiner Straße auf dem Weg zurück in ihr angestammtes Revier.

Wenn Frösche quaken

Haben sich mit etwas Glück endlich Amphibien im Schwimmteich angesiedelt, kann es trotz aller Freude darüber bald Ärger geben. Das nächtliche Gequake von Fröschen zur Paarungszeit kann eine Lautstärke erreichen, die selbst bei geschlossenem Fenster einen ruhigen Schlaf verhindert. Besonders Nachbarn, die nicht am praktischen Segen des Schwimmteiches teilhaben, fühlen sich schnell davon gestört. Beschwerden helfen in diesem Fall wenig, denn die Frösche lassen sich das Quaken nicht verbieten – und da sie nicht nur in natürlichen, sondern auch in künstlich angelegten Gewässern unter Naturschutz stehen, dürfen sie auch nicht daraus entfernt werden. Der Bundesgerichtshof schlägt als Lösung dieses Dilemmas vor, bei der unteren Naturschutzbehörde des jeweiligen Landkreises einen Antrag auf Entfernen (Umsiedeln) der Frösche zu stellen. Prinzipiell sollte man aber darüber nachdenken, ob die Geräusche der Natur – sei es nun Froschgequake oder das Zwitschern von Vögeln – nicht in jedem Fall erträglicher und mit schöneren Assoziationen verbunden sind als Auto- oder Fluglärm oder der allgegenwärtige Krach, den Baustellen sowie motorbetriebene Geräte zur Haus- und Gartenpflege verbreiten.

Reptilien

Obwohl das Wasser nicht ihr eigentlicher Lebensraum ist, kommen manche Reptilien dennoch an naturnahen Gewässern vor. Die für Menschen harmlose, ungiftige Ringelnatter *(Natrix natrix)* ist an den gelben Flecken beiderseits des Hinterkopfes leicht zu erkennen. Sie jagt im Wasser nach Kaulquappen und Fröschen. Sumpfschildkröten sind zwar interessante Teichbewohner, die besonders Kinder faszinieren. Da sie aber, ähnlich wie Fische, durch ihre Ausscheidungen das Wasser stark belasten, sollte man im Schwimmteich auf sie verzichten.

Bei den zur Laichzeit im Teich anzutreffenden Molchen sind die Männchen besonders auffällig gefärbt.

Fische im Schwimmteich

Wer an Tiere im Wasser denkt, dem fallen natürlich zuallererst Fische ein. Besonders auf Kinder üben zahme Goldfische, die man vom Ufer aus beobachten und füttern kann, einen großen Reiz aus. Aber in einem Schwimmteich haben Fische nichts zu suchen. Das hat verschiedene Gründe: Jungfische ernähren sich vor allem von Zooplankton, d. h., die Fische fressen die „Filteranlage" des Schwimmteichs auf. Außerdem reichern sie mit ihren Ausscheidungen das Wasser mit Nährstoffen an. Wird zusätzlich gefüttert, kommt eine weitere belastende Komponente hinzu, denn der Teil des Futters, der nicht verzehrt wird, düngt die Teichflora. Von den freigesetzten Nährstoffen ernähren sich dann wiederum Algen, die bei einer Massenvermehrung das Wasser trüben.

Neben den schädlichen Einflüssen, die der Stoffwechsel der Fische auf die Wasserqualität hat, kommt hinzu, dass viele Fische räuberisch leben. Selbst kleine Arten wie der Stichling fressen mit großem Appetit Wasserflöhe, die dann für die Reduzierung der Algen ausfallen. Obwohl sie auch Mückenlarven vertilgen, stehen vor allem Kaulquappen und viele Insektenlarven, wie etwa die von Libellen, auf dem Speisezettel räuberisch lebender Fische. Die Rechnung ist ganz einfach: ohne Larven und Kaulquappen keine Libellen und keine Frösche. So kann schon eine kleine Fischpopulation rasch zum Nachteil der übrigen Teichbewohner gereichen und zu einer Artenarmut führen – eigentlich das genaue Gegenteil davon, was man mit dem Einsetzen der Fische erreichen wollte.

Einheimische Arten

Manche Menschen denken vielleicht, dass es nicht so schlimm sein kann, wenn man ganz kleine Fische in geringer Stückzahl einsetzt. Zudem, weil einheimische Arten wie der Dreistachlige Stichling, Moderlieschen, Bitterlinge oder Elritzen gut an das Leben in kleinen Gewässern angepasst sind. Doch aus wenigen Exemplaren werden in kürzester Zeit auf ganz natürliche Weise viele – und die können einen gehörigen Schaden im sensiblen Gefüge des Schwimmteiches anrichten.

So interessant Fische auch sind, hier Stichlinge – im Schwimmteich haben sie nichts zu suchen

Bezüglich einheimischer Kleinfische im Schwimmteich gehen die Meinungen allerdings auseinander: Manche Experten sind der Ansicht, dass in sehr großen Teichen kleine, einheimische Fischarten in geringer Stückzahl geduldet werden können. Das muss im Zweifelsfall jeder für sich selbst entscheiden. Wer Fische im Schwimmteich einsetzen möchte, sollte dem Gewässer nach dem Bau jedoch ein bis zwei Jahre Zeit geben, damit die Pflanzen anwachsen können und sich eine Mikrofauna und -flora entwickelt, die den Fischen ein Überleben ermöglicht. Doch selbst in noch so großen Teichen muss man auf große und lebhafte Arten wie Goldfische, Karpfen, Karauschen oder gar Kois verzichten. Sie dürfen auf keinen Fall in den Schwimmteich eingesetzt werden. Die Klärleistung der Wasserpflanzen reicht nicht aus, um deren Ausscheidungen zu neutralisieren. Außerdem pflegen diese Arten den Teichgrund zu durchwühlen. Sie entwurzeln und verwüsten dabei die Unterwasserpflanzen und schnell treibt dann zum Beispiel das Rhizom einer geliebten Seerose an der Wasseroberfläche.

Checkliste: Jährliche Pflegearbeiten

Ein großer Vorteil von Schwimmteichen ist die relative Pflegeleichtigkeit. Im Gegensatz zu gekachelten Pools müssen Schwimmteiche nicht ständig penibel von hereingewehtem Laub gereinigt werden und Algenbeläge an den Wänden sind kein Grund für hektischen Aktionismus. Im ersten Jahr kann man sich praktisch auf das Genießen des Gewässers beschränken. Nur wenn die Fadenalgen („Algenwatte") überhand nehmen, muss man sie gelegentlich mit einem Kescher abfischen.

▸ **Pflegemaßnahmen im Frühling**

Wenn die Eisdecke schmilzt, können tote Halme von Rohrkolben und anderen Wasserpflanzen abgeschnitten und, zusammen mit anderen abgestorbenen Pflanzenteilen, aus dem Teich gefischt werden.

Bei Reinigungs- und Aufräumarbeiten sollte man auf ruhende Amphibien und auf abgelegten Laich achten.

Vor Beginn der Badesaison wird mit einem Schlammsauger die abgelagerte Schlammschicht in der Schwimmzone abgesaugt.

▸ **Pflegemaßnahmen im Sommer**

Fadenalgen sollten abgefischt werden, wenn sie überhand nehmen.

Schwimmpflanzen wie Wasserlinsen, Krebsschere, Froschbiss und Wassersalat können sich stark vermehren. Gelegentliches Abfischen eines Teils der Pflanzen entzieht dem Schwimmteich Nährstoffe und trägt zur Wasserreinhaltung bei.

Zur Teichpflege gehört auch ein regelmäßiger Rückschnitt der Wasser- und Randzonenpflanzen.

Alle zwei Monate können wuchernde Unterwasserpflanzen in allen Teichzonen zurückgeschnitten werden, um dem Schwimmteich Nährstoffe zu entziehen. Die Pflanzen dürfen dabei nicht ausgerissen werden. Abgeschnittenes kann kompostiert werden. In Bereichen, die nicht ohne weiteres zugänglich sind, kann von einer Luftmatratze aus geschnitten werden.

Eine Erwärmung des Wassers fördert das Algenwachstum. Schwimmteiche in sonnigen Lagen sollten dann zumindest teilweise mit einem Schirm oder Paravent schattiert werden.

Lagert sich während der Badesaison viel Mulm auf dem Grund der Schwimmzone ab, muss dieser erneut mit dem Schlammsauger abgesaugt werden.

Bei starker Verdunstung in langen Trockenperioden muss Wasser nachgefüllt werden.

▸ Pflegemaßnahmen im Herbst

Nach einigen Jahren beginnt der Schwimmteich von den Rändern her zu verlanden. Im Frühherbst ist die beste Zeit, die Pflanzendecke der Uferzone etwas auszulichten. Ziel ist unter anderem der Erhalt einer möglichst großen Pflanzenvielfalt. Am besten, man widmet sich in jedem Jahr einem anderen Teil des Ufers, um die Mikrofauna und -flora dabei nicht gänzlich zu zerstören.

Wenn der Flachwasserbereich verlandet ist, kann ein Teil des Teichwassers abgepumpt und der Schlick aus den Randzonen entfernt werden.

Falllaub trägt zu viele Nährstoffe in das Gewässer ein. Wenn Laubbäume in der Nähe stehen, deren Laub in den Schwimmteich geweht werden kann, deckt man den Schwimmteich mit einem Netz ab. Wenn über den Schwimmteich Seile gespannt werden, lässt sich leicht ein Netz darüber führen.

▸ Pflegemaßnahmen im Winter

Aus dem Wasser ragende, trockene Halme von Rohrkolben, Binsen und anderen Pflanzen dürfen nicht gleich abgeschnitten werden. Sie ermöglichen einen Gasaustausch, wenn der Schwimmteich zugefroren ist und verhindern, dass die Teichfauna an Faulgasen erstickt.

Rechtzeitig vor dem Zufrieren des Teiches sollte ein Eisfreihalter (ein Styroporring oder ähnliches aus dem Fachhandel) eingesetzt werden. Das ermöglicht das Abziehen von Faulgasen aus dem Teich und sorgt für Frischluftzufuhr.

Niemals sollte man die Eisfläche aufhacken. Darunter leiden die im Randzonenbereich im Winterschlaf verharrenden Amphibien und andere Kleintiere.

Mit einem lang gestielten Kescher kann man Laub und andere Materialien aus dem Wasser fischen.

Anhang

Vereine und Verbände

Deutsche Gesellschaft für naturnahe Badegewässer e. V. (DGfnB)
Bei der Ratsmühle 14
D-21355 Lüneburg
Tel.: 07000/7008787
www.kleinbadeteiche.de

Verband österreichischer Schwimmteichbauer (VÖS)
www.schwimmteich.co.at
email: verband.oe.schwimmteichbauer @gmx.at

Schweizerischer Verband naturnaher Badegewässer und Pflanzenkläranlagen (SVBP)
Im Schörli 3
CH-8600 Dübendorf
Tel.: +41 (0)1 835 78 08
Fax: +41 (0)1 835 78 79
www.svbp.org

Auf Teichbau spezialisierte Firmen

Biotop Landschaftsgestaltung GmbH
Hauptstraße 285
A-3411 Weidling
Tel.: +43 (0)2243-304 06-13
Fax: +43 (0)2243-304 06-22
www.swimming-teich.com

Bohr und das Grün
Kohlenbrucher Weg
D-66663 Merzig-Schwemlingen
Tel.: 06861-75165
Fax: 06861-74609
www.bohr-baumschule.de

Bahl Garten-, Landschafts- und Schwimmteichbau
Hauptstr. 48
D-25368 Kiebitzreihe/Elmshorn
Tel.: 04121-5900
Fax: 04121-50356
www.bahlgalabau.de

Daldrup Garten- und Landschaftsbau
Burg Hülshoff
Schonebeck 6
D-48329 Havixbeck
Tel.: 02534-64670
Fax: 02534-646729
www.daldrup.de

Egli Gartenbau AG
Curtibergstr. 21
CH-8646 Wagen SG
Tel.: +41 (0) 55-212 33 83
Fax: +41 (0) 55-212 54 83
www.egliwagen.ch

Fuchs baut Gärten GmbH
Schlegldorf 91 A
D-83661 Lenggries
Tel.: 08042-914 54 0
Fax: 08042-914 54 22
www.fuchs-baut-gaerten.de

Helmut Haas GmbH & Co.KG
Garten-, Landschafts- und Sportplatzbau
Hochbergweg 4
D-88239 Wangen-Roggenzell
Tel.: 07528-958 0
Fax: 07528-958 30
www.haas-galabau.de

Garten- und Landschaftsbau Pohl GmbH
Bayerwald Baumschule
Ziefling-Bierl 2
93497 Willmering
Tel.: 09971-84590
Fax: 09971-845950
www.gartenbau-pohl.de

Erlebnisgarten Schleitzer GmbH
Garten- und Landschaftsbau
Enterstraße 23
D-80999 München
Tel.: 089-89 28 65 0
Fax: 089-89 28 65 50
www.schleitzer.de

Zeitschriften

Der Schwimmteich
 Herausgegeben von der Deutschen Gesellschaft für naturnahe Badegewässer (DGfnB e.V.), dem Verband österreichischer Schwimmteichbauer (VÖS) und dem schweizerischen Verband naturnaher Badegewässer und Pflanzenkläranlagen (SVBP)
 Erscheint vier Mal jährlich im Verlag Agrimedia GmbH, Spithal 4, D-29468 Bergen/Dumme
 Tel.: 05845/988110
 www.schwimmteich-magazin.com

Gartenteich – Das Wassergarten-Magazin
 Erscheint sechs Mal jährlich im Dähne Verlag GmbH, Am Erlengraben 8, D-76275 Ettlingen
 Tel.: 07243/575-0
 www.gartenteich.com

Eden – Das Magazin für Gartengestaltung
 Erscheint vierteljährlich bei der medienfabrik Gütersloh GmbH, Carl-Bertelsmann-Straße 33, D-33311 Gütersloh. Tel.: 05241/23480-10.
 www.eden-magazin.de

Bücher

Barth, Ursula, Christa Brand und Nik Barlo jr.: Teiche und Badeteiche. Callwey, München 2000

Dobler, Anna und Wolfgang Fleischer: Der Schwimmteich im Garten. Orac, Wien 1999

Franke, Wolfram: Der Traum vom eigenen Schwimmteich. BLV, München 1999

Himmelhuber, Peter: Das Wassergartenbaubuch. Callwey, München 2004

Love, Gilly: Wasser im Garten. Callwey, München, 2002

Neuenschwander, Eduard: Schwimmteiche. Ulmer, Stuttgart 2000

Robinson, Peter: Traumhafte Wassergärten. Augustus, Augsburg 2001

Rohlfing, Inés Maria und Mehdi Mahabadi: Schwimm- und Badeteichanlagen. Ulmer, Stuttgart 2005

Wachter, Karl: Der Wassergarten. Ulmer, Stuttgart 2005

Weixler, Richard; Hauer, Wolfgang: Garten- und Schwimmteiche. Stocker, Graz 2003

Register

A

Algen	24, 36, 37, 40, 69
Algen abfiltern	28
Algenmassenvermehrung	24, 132
Algenwachstum verhindern	24, 153
Algen, Wassertrübung	131
Amphibien	131, 144, 149 f.
Artenvielfalt	16

B

Bachlauf	29, 50, 58, 97
Badehaus	78
Badelandschaft	45
Bakterien	24
–, reduzieren	28
–, aerobe	29
Bambus	115
Bangkirai	105
Baumbestand, alter	84
Bauzeit	57
Beetgestaltung	115
Begleitstauden	115
Beleuchtung	117, 123
–, Glasfasertechnologie	118
–, Halogenleuchten	118
–, Leuchtdioden	118
–, Unterwasserbeleuchtung	118
Bepflanzung	112
Bergenien	113
Beton	32
Betonschalsteine	32
Binsen	139
Biologische Selbstreinigung	24
Blattschmuckpflanzen	122
Blickfänge	121
Blutweiderich	113
Bodenbelag für die Terrasse	109
Bogenbrücke	99
Brücken	99, 101
–, Geländer	123
Brunnen	121

C

Carbonator	67, 69
Chinaschilf	115

D

Dekoration	121
Detritus	129
Drainage	24
Dünger	132
Dusche	80, 96

E

Edelstahl	106
Eisdruckpolster	123
Eisfläche	153
Eisfreihalter	153
Eislaufen	41
Elektrische Installationen	123
Enten am Teich	54
Entengrütze	131
Erdaushub	69

F

Fadenalgen	152
Falllaub	24, 132, 153
Farne	26
Felberich	113
Feuchtbodenpflanzen	119, 139
Filter	28
–, biologische	28
–, mechanische	28
–, Mehrkammersysteme	28
Filtermaterial	28, 29
Filtersysteme, biologische	29
Findlinge	119
Fische	24, 37, 132, 144, 151
–, Einfluss auf den Teich	151
–, einheimische Arten	151
Flächenversiegelung	16
Flachwasserbereich	80
–, Pflanzen	113
Flachwasserzone	24
Folie verlegen	31
– verschweißen	30, 31
–, Beschädigung	123
–, Kautschuk	30
–, PE	30
–, PVC	30
–, Qualitäten	30

Folienabdichtung	30, 123
Folienstärken	30
Frösche umsiedeln	150
–, Lärmbelästigung	150
Funkien	115
Furchenschwimmer	146

G

Gartenkonzept, naturnahes	26
Gartenlandschaft	83
Gartenpflanzen, giftige	123
Gelbrandkäfer	130, 146
Geröllfeld am Teich	56
Gestaltung, Sitzplätze	112
Gewässer, natürliche	128
Gleichgewicht, ökologisches	132, 146
Goldkolben	139
Grasfrosch	149
Graureiher	79
Greiskraut	113, 139
Grundstück, schmales	42

H

Haeckel, Erich	128
Hanggarten	87
Hanglage	27, 112, 119
Hautallergien	21
Hechtkraut	113
Herkulesstauden	123
Holz	106
–, Gerbsäurehaltiges	106
–, Imprägnierung	106
–, kesseldruckimprägniert	106
–, Pflege	106
–, rutschiges	123
Holzarten	105
–, Bangkirai	105
–, Bongossi	105
–, Eiche	105
–, Eukalyptus	105
–, Kiefer	105
–, Lärche	105
–, Robinie	105
–, Rotzeder	105
–, Teak	105
Holzbecken	34

Holzdecks	112	
Hornkraut	137	
Hüpferlinge	146	

I

Imprägniertes Holz	106
Insekten	146
Installationen, elektrische	123

J

Jahreszeiten	126
Japan-Anemonen	116

K

Kabel verlegen	37
Kabel, Isolation	123
Kalmus	113, 139
Kantensteine	117
Kapillarsperre	31
Karpfen	151
Kaulquappen	146
Kiesbett	119
Kiesstrand	94
Kinder	94
Kinderbadebereich	94
Klärbecken, separate	27, 57
Klärtechnik	28
Klärung, biologische	23, 34
Klärzone	27
–, Größe	34
–, integrierte	27
Kleiner Garten	42
Kleinkinder	123
Köcherfliegen	146
Koi	151
Krankheitserreger	24
Krebsschere	135
Kreiselpumpe	29
Kreislauf, natürlicher	20, 24, 128, 129
Kreuzkräuter	134
Kröten	149
Kübelpflanzen	46, 110
Kunst am Teich	122
Kunstholz	106

L

Laichkraut	25
Lampenputzergras	115
Lärchenholz	34, 103, 106
Laubfrosch	130, 149
Lebensräume, Bedrohung	16
Leiter	104
–, Edelstahl	104
–, Holzleiter	104
Libelle	94, 130, 146
Licht	117
Liegewiese	96

M

Mädesüß	119, 135
Mammutblatt	115, 135
Molche	56, 149
Mondholz	34
Moorbeete	116
Moorbeetpflanzen	116
Moos	26
Mücke siehe Stechmücken	
Mücken, Fressfeinde	147
Mückenplage	147

N

Nährstoffe im Wasser	24
Nahrungskette	129, 144
–, intakte	131
Nahrungsketten	129
Natur am Teich	126
Naturschutzgesetz	150
Naturteich	45, 92
Nelkenwurz	113

O

Oberflächenabsaugung siehe Skimmer	
Ökologie	128
Ökosystem	129

P

Pampasgras	15
Pantoffeltierchen	146
Passivhaus	67
Pavillon am Teich	88
Pfeifengras	115
Pfeilkraut	25
Pfennigkraut	113
Pflanzen einsetzen	141, 143 f.
Pflanzen	134
–, abgestorbene	132
–, heimische	139
–, Menge	143
Pflanzenfilter, integrierter	27
Pflanzenkauf	143
Pflanzenkläranlage, integrierte	26
Pflanzenschutzmittel	132
Pflanzsubstrat	141
Pflanzwerkzeug	141
Pflanzzeit	142
Pflaster verlegen	110
Pflastermaterialien	109
–, beständige	110
Pflegearbeiten	152
Photosynthese	24, 129
Plankenwege	112
Plankton	144
Planschbecken	34
Plastiken	122
Pool	21, 27
– umrüsten	33
–, Umgestaltung	63
–, Umstellung	23
Prachtspieren	113
Primeln	113, 139
Pumpe	27, 28, 29, 97
–, Prüfsiegel	29
–, Sicherheitsvorschriften	29
–, Wartung	29
Pumpenpflege	29
Pumpleistung	29
Pumpschacht	29

Q

Quellstein	97, 121
Quellwasser	15

R

Randbepflanzung	46
Randzonenbereich, Größe	27
Randzonenpflanze	35, 134, 139
Rasen am Teich	96
Raues Hornblatt	25
Regenerationsbereich, Bepflanzung	113
Regenerationszone	24, 26, 119
Reinigung	152
Repositionspflanzen	24, 27
Reptilien	150
Rohrglanzgras	115
Rohrkolben	113, 139
Rückenschwimmer	146
Rutenhirse	115

S

Sandstrand	94
Sauerstoffanreicherung	36, 97
Saunahaus	61
Schaublatt	113
Scheinkalla	113, 116
Schildblatt	113
Schildkröten	132
Schilf	139
Schlammsauger	36, 152, 153
Schnecken	147
Schwebalgen	36
Schwimmblattpflanzen	134, 137
Schwimmkäfer	146
Schwimmpflanzen	134, 135
Schwimmteich am Hang	52
– im Winter	92
– in Garten einbinden	111
– in Hanglage	57
– in Mauerbauweise	78
–, Aufbau	21
–, Auftragsvergabe	37
–, Bäume in der Umgebung	37
–, Bauzeit	37
–, Beispiele	39 ff.
–, Bepflanzung	87, 133, 141
–, Beschattung	132
–, Definition	21
–, Eigenbau	22
–, Einstieg	104, 119
–, Verlandung	153
–, Erstbepflanzung	141
–, Fische	37
–, Größe	37
–, Großer	83
–, Hanglage	75
–, Kabel	37
–, Kinder	68
–, kleiner Garten	42
–, naturnaher	119, 126
–, Pflege	53, 67, 152
–, Pflegeaufwand	70, 72
–, Planung	37
–, Platzbedarf	37
–, schmaler	42
–, Selbstbau	37
–, Sicherheit	37, 123
–, Standort	37, 132
–, Technik	37
–, unterschiedliche Konzepte	40
–, Vorüberlegungen	22
–, Tiefe	37
–, Alternative	16
–, formaler	111
–, naturnaher	111
Schwimmzone, geschwungene	45
Seerosen	136, 137, 138
–, Arten und Sorten	138
–, Pflanzkörbe	142
–, Pflanzung	138
–, Pflege	138
–, Substrat	142
–, Überwinterung	137
–, verjüngen	137
Seerosenschädlinge	146
Segge	25, 113, 119, 139
Selbstreinigung	23
–, biologische	16
–, natürliche	41
Selbstreinigungseffekt	36
Sicherheit	123
Sichtachsen	88
Sitzmöbel	110
Sitzplatz am Teich	108, 110
Sitztreppe am Teich	75
Skimmer	27, 28, 36, 69
–, Arbeitsweise	28
Skulpturen	122
Solardusche	96
Solarlampen	117
Solarpumpe	29
Sonnendeck	102
–, Beplankung	103
–, Formen	102
–, Konstruktion	103
–, Material	103
–, selber bauen	103
–, Unterbau	102
Sprudelstein	112, 121
Sprungbretter	99, 100
–, Material	100
–, Planung	100
Sprungsein	64, 99
Staudengarten	50
Stechmücken	58, 146
Steg	99
–, Fertigbausätze	101
–, Fundament	101
–, Material	100
–, Materialbedarf	101
–, Reinigung	123
–, Sicherheit	101
–, Stützpfosten	101
–, Trittsicherheit	101
–, Unterkonstruktion	101
–, Verziehen vermeiden	100
Steingartenstauden	119
Strände aufschütten	95
Stromleitungen	117
Sumpfdotterblume	113
Sumpfkalla	113
Sumpfschwertlilien	113
Sumpfvergissmeinnicht	113
Swimmingpool umrüsten	33

T

Tafelblatt	113
Taglilie	113
Tauchbecken	34, 35, 50
–, naturnahe	35
Tausendblatt	135
Teich im Jahreslauf	126
Teichabdichtung	30
Teichbauer, professionelle	22
Teiche, künstliche	128

Teichfolie 30
–, Beschädigung 115, 139
Teichmuscheln 149
Teichökologie 128
Teichpflege 123
Teichpflegemittel, biologische 36
Teichreinigung, Aufwand 47
Teichtechnik 28, 36, 121
Terrasse, Planung 109
Terrasse am Teich 108
Thermoholz 106
Tiere am Teich 54, 144
Treppe 104
–, Befestigung 104
–, Trittsicherheit 104
Trinkwasser 10
Trittsicherheit 123
Trittsteine 117, 118, 123
–, Fundament 118
–, Reinigung 13
Trockenmauer am Teich 56, 119, 120
Trollblumen 139
Tropenhölzer 106

U

Uferbepflanzung 113
Uferbereich, Stauden 115
Unterwasserbeleuchtung 123
Unterwasserpflanzen 132, 134, 135
Unterwasserpflanzen einsetzen 141
– schneiden 153
Unterwassersense 99
UV-Filter 28

V

Vögel 26, 131

W

Wasser 10
–, chlorfreies 21
–, Eigenschaften 10
–, Erholungswert 15
–, Qualität 15
–, Umwälzung 24
–, Vorkommen 10
Wasseranalyse 35
Wasseraustausch 132
Wasserfall 29, 97
Wasserflöhe 146
Wasserklärung 23, 24
Wasserläufer 146
Wassermangel 10
Wasserpest, Kanadische 135
Wasserpflanzen schneiden 152
Wasserqualität 24, 52, 128, 129
Wassersalat 137
Wasserschnecken 144, 147
Wassertiefe 132
Wasserzirkulation 27
Wege 117
–, Beläge 117
–, Gestaltung 117
Wiesenschwertlilien 113, 139
Winkelelementbauweise 42, 72
Wood Plastic Composites siehe Kunstholz
Wüstengebiete 10

Z

Ziergehölze am Teich 115
Zierrhabarber 115
Zimmerkalla 113
Zooplankton 24, 129, 144
Zypergras 139

Oasen im Garten

Kaum ein Element lässt sich so variantenreich einsetzen wie Wasser. Ob in einem großen Naturgarten, einer formalen Anlage oder auf dem Balkon – Wasser setzt überall interessante Akzente und schafft eine belebende und erfrischende Atmosphäre. Vom Quellstein über den Miniatur-Wassergarten bis hin zum Familien-Pool erläutert die Gartenarchitektin Barth mit Fachwissen und viel Kreativität in sechs Kapiteln Planung, Gestaltung und Pflege der unterschiedlichsten Wasseroasen. Ein Pflanzenregister sowie großzügige Tabellen geben detailliert Auskunft über Pflanzenarten, Standort, Wachstum und Blütezeit.

Ursula Barth
Traumhaft schöne Wassergärten
Teiche, Brunnen, Wasserläufe
2005. 128 Seiten, 234 farbige Abbildungen und 17 Illustrationen
gebunden mit Schutzumschlag
ISBN 3-7667-1626-3

www.callwey.de